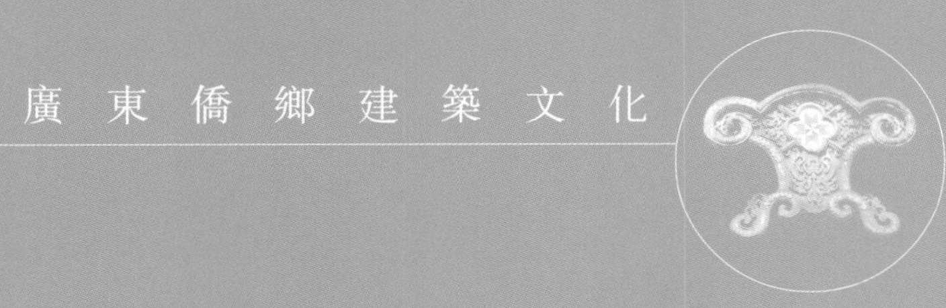
廣 東 僑 鄉 建 築 文 化

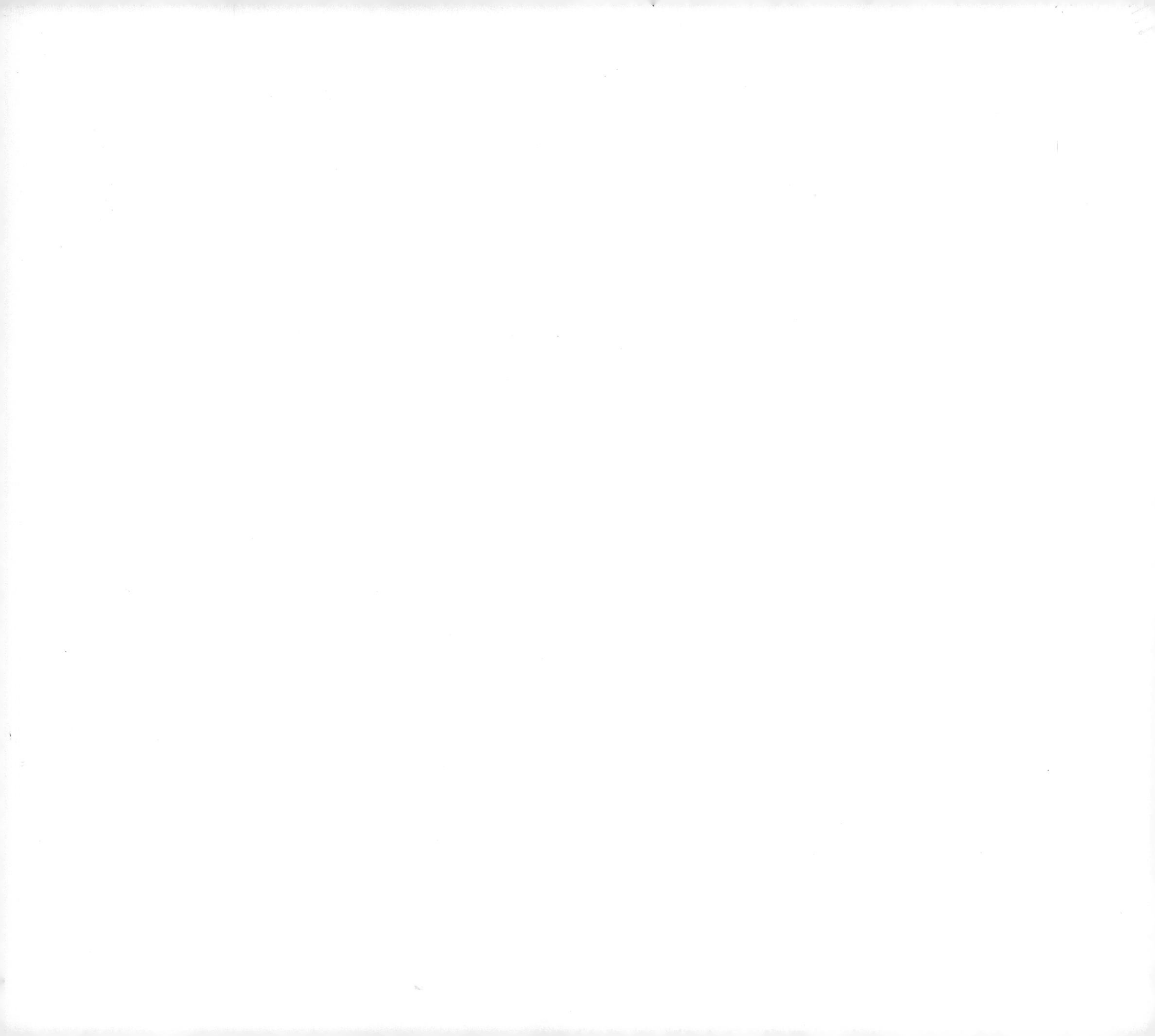

廣東僑鄉建築文化

鄭德華 著／攝影

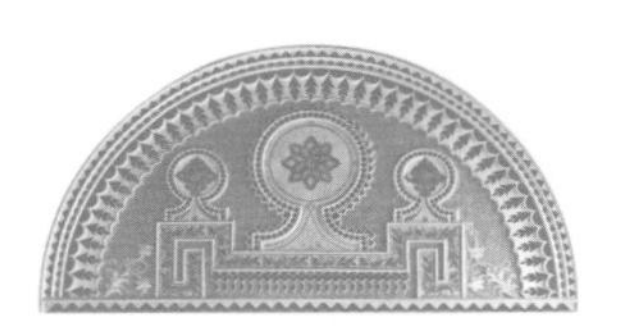

三 聯 書 店 （ 香 港 ） 有 限 公 司

責任編輯　蔡嘉蘋
裝幀設計　洪清淇

書　　名　廣東僑鄉建築文化
著　　者　鄭德華
攝　　影　鄭德華
出版發行　三聯書店（香港）有限公司
香港荃灣德士古道 220-248 號 16 字樓
JOINT PUBLISHING (H.K.) CO., LTD.
16/F., 220-248 Texaco Road, Tsuen Wan, Hong Kong
印　　刷　中華商務彩色印刷有限公司
香港新界大埔汀麗路 36 號
版　　次　2003 年 6 月香港第一版第一次印刷
規　　格　大 24 開（208 × 187mm）132 面
國際書號　ISBN 962 . 04 . 2273 . 2

Published & Printed in Hong Kong

目錄

自序

從1979年開始廣東僑鄉研究至今，不覺二十多年了。過去了的時光總是覺得短暫的，但歷史畢竟留下了它的烙印。

我對廣東僑鄉的研究，是從台山開始的。回憶當年到台山進行實地歷史調查的情景，還歷歷在目。從廣州出發，汽車要經四個渡口，歷時五個多鐘頭的顛簸才到台城。不過，僑鄉歷史特有的魅力往往使我一下子就忘卻旅途的疲勞，目的地一到，隨即投入歷史探索之旅。

僑鄉特殊的景觀是吸引我研究的起點。無論在鄉村或市鎮，你都可以看到一些與中國傳統農村完全不同的建築。那些帶着中西合璧格調的民居、碉樓不規則地分佈在田野上，像是無數沉默而神秘的歷史符號，等待着人們的探訪、揭秘。

的確，歷史建築是歷史的活化石，它非常清楚地銘刻着時代的印記，是我們進行歷史重構的重要資料。透過它，你可以看到某些人在某段歷史時空活動的形態和模式，可以追索他們的文化取向和品味，亦可以考察人類文化交流和傳承的過程和方式。

中國史學研究自明清以來似乎過於強調文獻考據的重要性。在一些研究者的眼裏，“有書為證”從文字到文字的考證，才算真正的學問。司馬遷提倡的“讀千卷書”、“行萬里路”的史學研究方法被遺忘了一半。這種風氣在二十世紀八十年代以前，毫無疑問是佔中國史學研究的主流地位。所以，當我開始僑鄉歷史的實地調查時，那種從書本研究到實際研究方法轉變帶來的感受非常強烈。僑鄉的田野給我帶來完全嶄新的空氣，而它的中西合璧建築，就是吸引我走上新研究路向的明燈。

僑鄉，是中國近代史一種特殊的產物。它與中國近代社會的內部轉變，西方殖民勢力的東來和對中國勞工的掠奪，以及中國近代海外移民運動等歷史進程息息相關。它的形成和發展交織着不同文化和社會因素的互相刺激和影響，是中國農村近代演變的一種特別形態。而僑鄉中西合璧建築，又是僑鄉文化的重要標記。它凝聚着中西建築文化結合的特色，顯示了歷史上海外華人"落葉歸根"的思鄉情懷和文化心理，是中國沿海農村基層社會近代社會變化的歷史見證。

二十世紀八十至九十年代，我有機會多次到美洲、東南亞和歐洲的華人社區作研究和考察，加深了對僑鄉中西文化溶合的了解。而二十多年來的研究資料的積累，亦使我對廣東僑鄉的認識不斷深化。經過長期思考，我決定以中國近代東西方勢力碰撞——廣東僑鄉形成——局部農村社會文化產生巨大變化作為本書考察分析的背景，從而審視中西合璧建築在廣東農村出現的原因和過程，即把這種歷史文化現象放在一個宏觀的視野下進行考察，從大歷史的角度探索它的成因。同時，又透過對僑鄉中西合璧建築個案的觀察和分析，説明廣東僑鄉中西文化溶合的特色，以及中國嶺南農村基層社會近代轉變的特殊途徑。

從本書對廣東各地僑鄉歷史狀況的考察和分析可以看出，由於地理、歷史文化等方面的差異，廣東幾個重要僑鄉各有不同的具體發展過程和特點。但是，它們在僑鄉整體的特徵和中西合璧建築出現的背景和發展趨勢方面，卻基本是相同的。

要研究廣東僑鄉中西合璧建築，必然涉及近代海外移民潮的研究。因此，使我對中國近代海上絲綢之路有一個新的認識。從十九世紀中葉到二十世紀中葉這一百年間，海上絲綢之路的商業價值已大不如前，實際上變成了華工和海外移民之路。僑鄉——海上絲綢之路——海外華人社區，成為一個強大的交通、人際關係和文化交流的網絡，深刻地影響着與之聯繫的地方社會生活和文化的發展。對僑鄉的研究的確應提高到從中國和世界近代歷史發展的視野去分析。

在選擇寫作方法和表述方式的時候，我希望在遵照一般學術原則，即文必有據的基礎上，力圖做到雅俗共賞，文字亦力求通俗易懂，目的是讓更多的人願意看這本小書。本書文獻資料的出處採取簡單的文內注釋形式，書後附有參考文獻目錄。凡注有"實地調查資料"，均為筆者實地收集所得。

攝影是我在僑鄉考察研究過程中採用的重要手段。我認為圖象對於歷史文化考察是必不可少的，尤其是歷史建築。全書用了201幅照片，全部是我從1993年至2002年內實地拍攝的。非常值得慶幸的是，我在書中所拍的一些僑鄉中西合璧的建築，部分由於近年開發為旅遊點而改變了原來的面貌，所以在這以前拍下的照片，實際已經成了珍貴的歷史圖片。本書基本上採用這部分保留歷史原貌的照片，希望能給讀者一種歷史的真實感。我當然深知我的攝影作品並非藝術性很高的作品，但我在拍攝過程中還是盡量突出表現它的文化內涵，故此我視它為作品的重要構成部分而並非陪襯品。它不僅是歷史遺物的簡單再現，而且是一種歷史文化的解構。

書名定為《廣東僑鄉建築文化》是想完整表達我寫這部作品的意念和重心。廣東僑鄉中西合璧建築所體現的文化內涵：中西文化交融和中國近代農村的歷史文化變遷，無疑是本作品的靈魂。

毫無疑問，歷史文化研究是一個艱辛的歷程。它需要個人的努力和毅力，但絕對不可缺少他人的幫助和支持。在研究廣東僑鄉中西合璧建築過程中，我最初遇到的最大難題是有關建築學和中西建築歷史知識的不足。所以在這部著作出版的時候，我首先要感謝的是清華大學建築學院單德啟教授，是他啟迪我走進認識建築文化的廣闊空間，經過近年不斷的學習和實踐考察，使我初步嘗試到從建築研究歷史的樂趣。

我的妻子張小瑩是我一生從事學術研究最大的支持者。近年，她還常常和我一起到僑鄉實地調查，為我的文稿提供修改意見。所以，這部作品實際包含了不少她的奉獻。

這部小書能夠面世，還應該感謝張磊教授和盛永華教授。他們一直關心我的研究課題，鼓勵我完成寫作。

其實，我現在所做的只是廣東僑鄉研究中的一小部分，而此書亦僅是一種起步性質的作品。希望藉此機會向同仁表示，願為僑鄉研究繼續努力，共創新成果。

謹把此書獻給僑鄉、海外華人以及關心它的讀者。

2002年12月於澳門大學

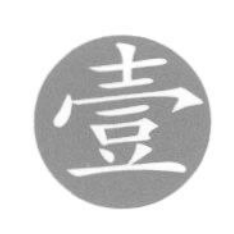

廣東僑鄉的形成和它的中西合璧建築

嶺南地處中國南疆，北接五嶺，南瀕大海，是中國一個相對獨立的地域單元，地理位置特殊。這種特殊的地理位置，使她自古孕育和逐步形成了具有海洋特色的嶺南文化。這種文化以中原漢文化為基礎，揉合長江流域、嶺南本地，和海外等多元文化，充分展現了中華文化的共性和地域文化的個性。

廣東是嶺南的主要區域，透過廣東地方文化的考察，我們可以領略嶺南文化的許多重要特徵。

自近代以來形成的廣東僑鄉，其歷程可以說是嶺南歷史重要的一頁。特別是從文化角度考察，僑鄉文化是傳統嶺南文化向近代文化轉變的一種結果，是具有典型意義的近代基層文化轉變的重要實例。

然而，為了更好的了解僑鄉文化，了解特殊的現近代中西文化交往方式，如何對南中國部分農村產生深遠的影響，我們必須首先了解嶺南文化的形成和發展的一些基本要素，了解它在成長過程中所產生的一些特徵。

比如，嶺南文化的商業性和開放性，就與歷代王朝對嶺南的特殊政策息息相關。從中國建立統一的中央王朝，即自秦漢開始，這裏就已經被作為海上對外交往的重要門戶和基地。唐代首先在廣州實行“市舶司”制度和設置“藩坊”，不僅使對外貿易管理制度化，而且使外國商人有一個固定的貿易場所和居留地，為嶺南在中國對外貿易交往的地位，奠定了堅實的基礎。

秦漢以來形成的著名的中國海上絲綢之路，其起點就在廣州。沿着這條航線，不僅可以到達波斯灣地區和阿拉伯半島南部諸港，還可遠航至東非的中南部海港。這條在古代被稱為“廣州通海夷道”的航線，經歷一百多個國家地區，全長一萬多公里，不僅是當時世界最長的航線，而且

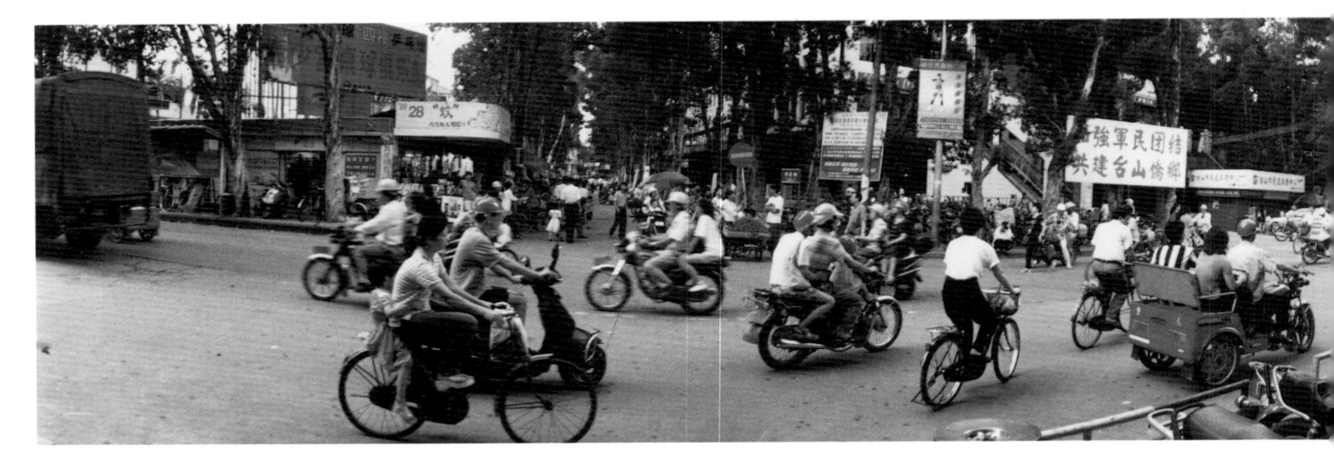

▲ 廣東台山是中國著名的僑鄉，其首府台城曾有“小廣州”之稱。

一直保持其運作達八、九百年之久，為世界文明的交往作出巨大的貢獻。由此，我們不難想像到，嶺南文化特性中的商業性和開放性，正是在古代貿易和對外交往頻繁的環境下形成的，是歷史積澱下來的文化結果。

嶺南文化自古就與海洋和外域文化的交流結下了不解之緣。尤其到了近代，西風東漸，使古老的中華帝國產生空前的震盪，社會急劇變化，嶺南地區又以其靠近海洋而首當其衝。嶺南文化的近代轉變不僅來得早，而且較其他地區無論在廣度和深度方面都有突出的優勢。這個特徵不但在地域文化上具有特殊意義，而且在中國近代歷史上亦同樣具有重要意義。（鄭德華　2000：93-97）

我們過去在談中國近代文化歷史轉變的時候，總是以“五四運動”為起點，以知識分子的貢獻為限，好像中國歷史文化的發展，僅僅是知識分子推動的結果。但實際上中國社會在近代的變遷，包括文化的變化，其成因是多方面的，其歷程是複雜的，其中應包括平民大眾的推動，某些社會基層轉變的重大影響等等。毫無疑問，非知識分子的社會中下階層，亦是中國近代文化轉變的重要參與者和推動者。

當然，文化在歷史上的影響往往是潛移默化、緩慢的，它不像一場暴風驟雨式的暴力革命來得迅

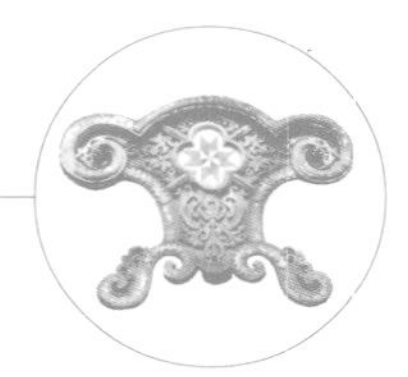

速和猛烈，但是文化對歷史影響的持久和張力毋庸置疑是巨大的。為什麼中國近代不少思想家、革命家、實業家出自嶺南？自秦漢以來的中國歷史，黃河、長江流域一直是政治經濟的重心，為什麼到了近代卻產生重要的變化？孫中山領導的革命為何首先依靠的是南方的力量？嶺南在中國近現代的作用已經不可同日而語矣，問題是我們對它的研究和發掘還遠遠不夠。

我正是想從中國近代歷史文化轉變的視野來探索廣東僑鄉的形成，並在此基礎上，以廣東僑鄉中西合璧建築為具體考察的切入點，向大家展示中國近代歷史文化豐富多彩的一面。

僑鄉，若從社會文化的角度看，既是近代世界東西文化撞擊大時代的產物，又是嶺南文化的一種延續；它既囊括了外來文化的融入，又包含着傳統文化的變異和發展。

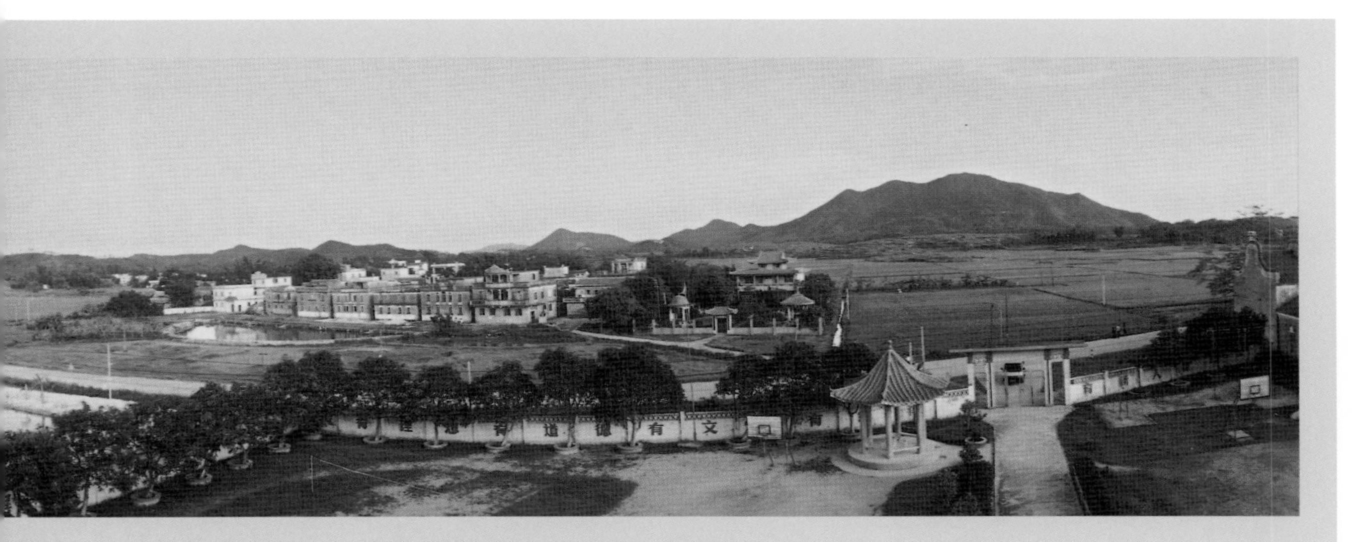

▲ 廣東開平也是著名的僑鄉，村落建築多是中西合璧，形成特殊的文化景觀。

一・廣東僑鄉的形成

1．出國華工與海外移民運動

儘管南中國的海外移民若以有文字記載為限，可以上溯至漢代，但“僑鄉”卻是近代歷史的概念。無論從嶺南或廣東區域來看，僑鄉形成的直接誘因均是十九世紀中期掀起的海外移民運動，而其成因則是十分複雜的。

隨着西方產業革命的完成和世界殖民的開拓，西方文明迅速在世界擴散，同時亦改變着全球人口的分佈格局。除了西方殖民者向亞、非、拉進發，進行殖民擴張外，伴隨而來的便是從事勞工資源的開發和掠奪。勞工的來源，最初主要是黑人，後來是華人。

華工成為西方開發殖民地的主力，是從十九世紀三十年代禁止販賣黑奴後開始的。他們的流向，主要包括東南亞、美洲和澳洲，而遷移的時間，主要在十九世紀五十到九十年代；方式主要是契約勞工。（陳翰生　1985：1-20）當然，十九世紀的中國海外移民不僅是勞工，還有小販、商人、知識階層等自由移民。他們在契約勞工時代結束，即進入二十世紀以後，逐步成為海外移民的主力。

雖然，我們並不同意把清代人口的膨脹説成是一切社會弊病的根源，但它確是十九世紀海外移民運動的原因之一。經過乾隆、嘉慶、道光（1735-1840）三朝人口的大幅度增長，廣東人口從清初的三百多萬猛增到二千四百多萬，增幅達七倍多。與此同時，全省人口平均耕地面積由七畝多減至不到兩畝，土地資源不足孕育着人口外流的內在因素。（朱雲成　1988：55-59；可兒弘明　1990：9）

其實中國歷史發展到清代的中後期，已經步入歷史發生重大轉變的門檻。中國以農業為主的經濟結構已經發展到了必須改造的關鍵時刻。小農的大量破產和尋找出路就是一個重要的信號。然而，當時中國卻存在着一個以王權為核心的強大政權機構，以及以中央集權為指導理論所建立起來的社會、經濟、思想體系，這種頑固的政治結構體系，保護着原有的社會機制；更加上明清以來以我為中心的外交模式，極大地阻塞了吸取外國發展經濟以及其他方面經驗的渠道，使中國與西方的經濟社會發展差距越來越大。

如果當時中國能像西方那樣掀起一場工業革命，新城鎮大量冒起，農村破產的或新增加的人口自然會流入城鎮，可惜這種情況並沒有在中國發生，代替的卻是西方殖民勢力的到來。內憂加上外患，社會動亂自然不可避免：1851 年太平天國起

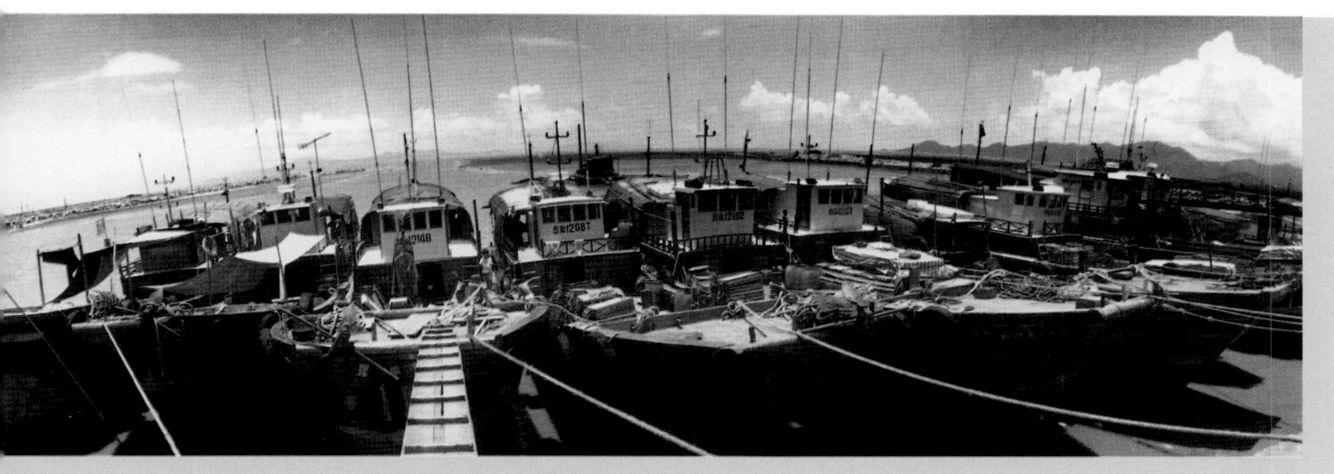

▲ 廣東台山廣海在十九世紀中期以後，曾是珠江三角洲海外勞工和移民放洋的地方。

義、1850年代的廣東紅巾軍起義、1856-1867年廣東土客械鬥等，都使廣東這個沿海地區處於極不安寧的狀態。追求改變生活環境，是人類生存的本能，亦是廣東人出洋最基本的原因；而嶺南文化在長期發展過程中所形成的外向、敢於冒險精神，更是促使廣東人走上出洋之路的重要因素。於是，在外國招募勞工的誘引下，廣東在十九世紀中後期成了海外勞工輸出的重要基地。海外移民運動就此形成。（鄭德華、成露西　1991：13-14）

十九世紀中國海外移民運動，由四十年代開始的豬仔貿易帶動，逐步普及到社會的各種層面，成為一種社會潮流。它所以能迅速發展，除了上述提及的西方殖民勢力的需求、中國社會動亂之外，中國內部也有其促使發展的因素，這就是當時中國農村家族式的宗族結構，和由此而產生的裙帶式的社會關係網絡。

中國南部農村的宗族組織在清代已經到了非常成熟的階段。它不僅是清王朝在社會基層的支柱，而且是社會以及人際關係網絡的基礎。清末中國海外移民持續的原因之一，就是因為有宗族作為支持它的社會背景。

廣東海外移民運動的歷史清楚地告訴我們，無

論是哪一地區或哪種性質的海外移民，當某個或某群人在某地找到落腳點之後，他們家鄉的族人便會接踵而來（當然，影響移民的因素往往從宗族關係很快擴大到地緣和業緣關係），所以，我們看到這個歷史時期遷往海外的移民，一般首先以同鄉、同

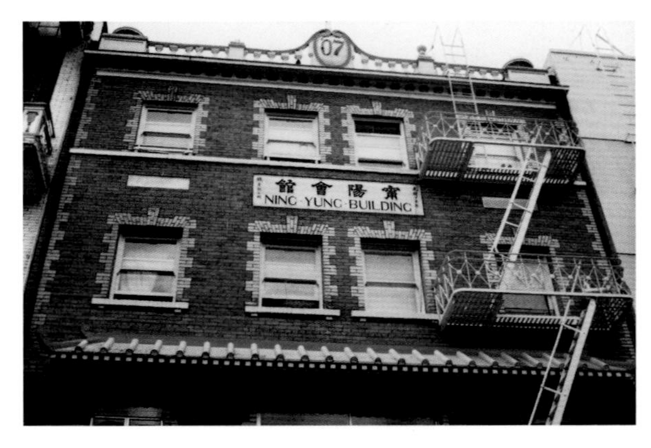

▲ 美國三藩市唐人街寧陽會館，是以廣東台山人為主的華人會館。

宗、同姓作為集合的要素。早期海外華人的社會組織——會館，就是在這樣的基礎上形成的。甚至從某種意義上可以說，早期海外華人社會是中國農村宗族社會的海外伸延。

中國歷代王朝都標榜自己實施“以民為本”的國策，但當我們略為考察一下任何一個朝代都可以發現，“皇為本”才是真正的史實。從國家法制到社會規範，基本上都是為保護皇權服務的。人民的

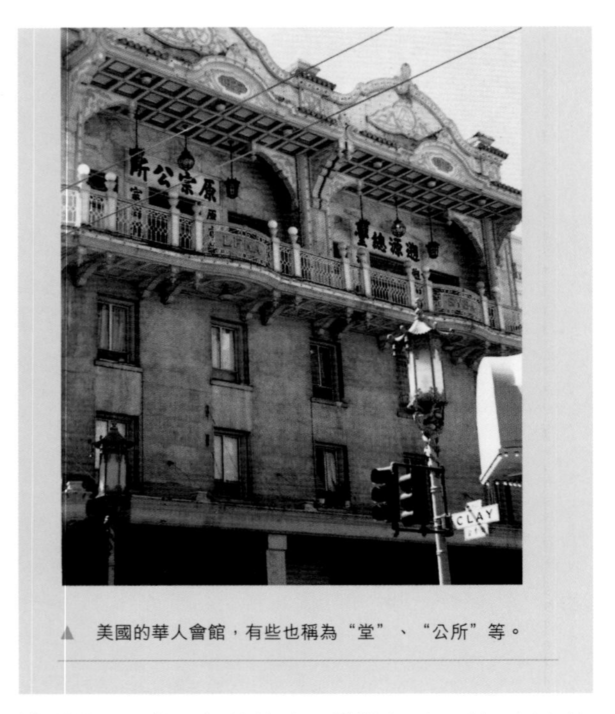

▲ 美國的華人會館，有些也稱為“堂”、“公所”等。

權利就是服從王朝的管治和繳納租稅，所以根本談不上有選擇生活地域、生活方式等等的人生權利。尤其到了明清時期，對民眾遷居海外的限制特別嚴厲。從明太祖“片板不准下海”的祖訓開始，到康熙年間的遷海運動，以至十九世紀第一、二次鴉片戰爭時期，海外移民都屬於違反國法的行為。這些鋌而走險的“叛民”、“逆賊”，本身就是朝廷的“犯人”，絕對得不到朝廷的保護。

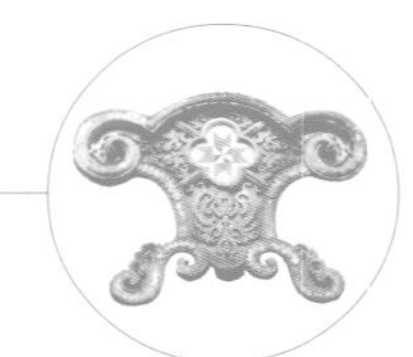

歷史就是這樣充滿矛盾和不平衡。明清之際嚴禁人民出國和移居海外，但這股暗流卻與日俱增。到了西方殖民勢力開始在中國南部招募勞工，中國南方出國的暗流變成了公開的潮流。

隨着海外移民的急劇增加，海外華人的分佈和社區不斷擴大，保護他們的生存和發展的問題被提到日程上來。特別是不少海外華人居住的地方，在不同程度上實行排華政策，加上當地種族主義者對中國人的歧視，海外華人的處境相當困難。然而，清朝政府是直到 1893 年薛福成上奏朝廷後，海外移民禁令才正式取消，對海外華人開始制定新的政策。（顏清湟　1990：160-221）所以，在此以前，海外華人基本不可能從清王朝那裏得到任何的幫助和保護。十九世紀的中國海外移民只能依靠以宗族和地緣的關係發展起來的海外移民社會的網絡保護自己。從宏觀來看，這種網絡不僅包括海外華人社區，而且還包括了他們的家鄉。這種特殊的歷史條件，使海外華人與家鄉有着不可分割的密切關係。僑鄉就是在這種網絡的影響下，結合其他因素而迅速形成的。

在考察中國近代海外移民和僑鄉形成的時候，除了必須了解當時歷史的大環境之外，還必須注意中國傳統文化的影響和作用。

一般海外華人研究學者都認為，從十九世紀中葉到二次大戰結束，“落葉歸根”是海外華人的主流意識。而家鄉的吸引力，最重要的莫過於那裏有自己的親人和家園。可以說，十九世紀中國近代早期的海外移民，其“落葉歸根”意識，實際是宗族文化意識的一種折射。而恰恰正是這種“根”的觀念，為僑鄉的出現和發展奠定了重要的基礎。

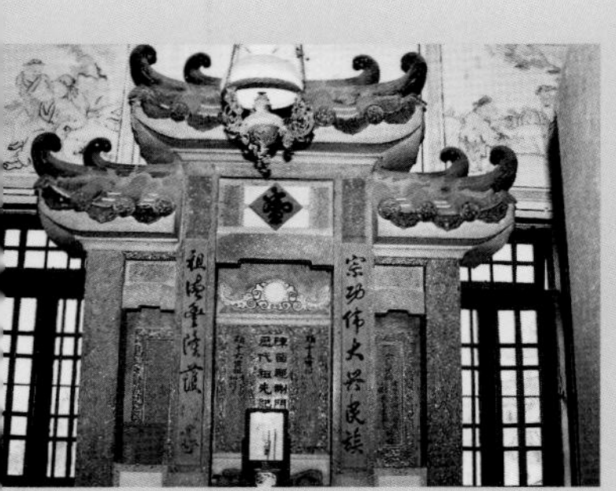

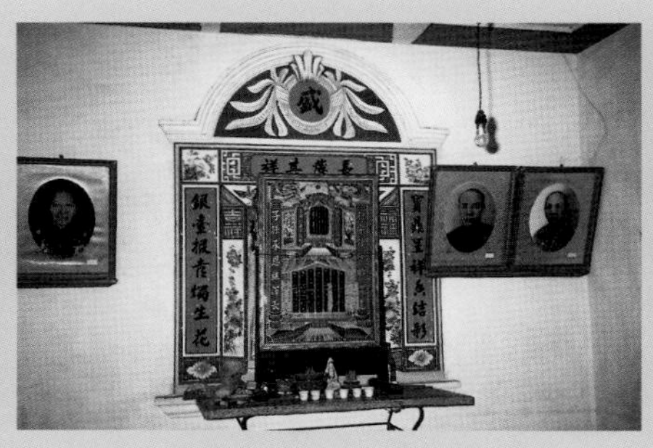

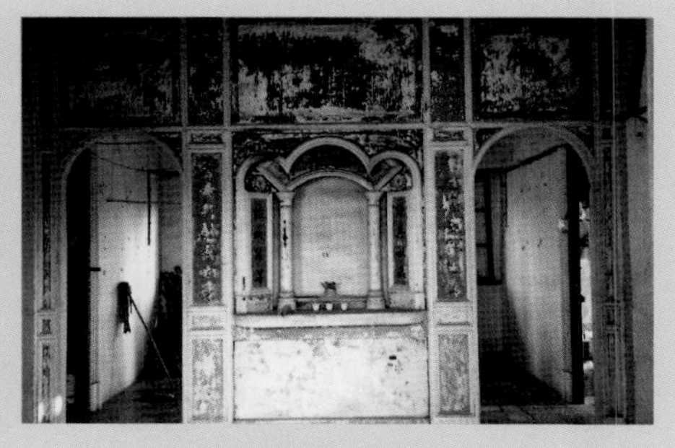

◆ 雖然這些設置在僑鄉室內祖先神位的裝飾，亦中亦西，已與嶺南地區傳統的式樣有所不同，但海外華人對自己的家族姓氏源流和對祖先拜祭的重視，仍是沒有改變。

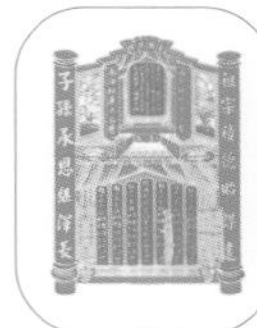

的確，從文化史的角度看，“落葉歸根”不僅是一種遊子思鄉的表現，同時又是一種文化的回歸。文化不僅對一個人的成長很重要，對他的歸宿同樣重要。老來思鄉就是其集中的表現。作為中國傳統文化中的宗族文化，它在中國傳統社會的凝聚作用，在海外華人與僑鄉的關係中亦充分表現出來。

十九世紀的廣東沿海農村，不少青壯年飄洋出海，家裏留下婦孺和老人。這些家庭，由以血緣關係為紐帶的宗族保護着。在嚴密的中國宗族社會裏，家庭是不容易破碎的。這種穩定的社會結構，為海外華人締造了一個精神的家園。他們不管到了天涯海角，總覺得在大洋的彼岸，有一個可以信賴的家。所以，早期海外華人與家鄉始終存在一條聯繫的紐帶。衣錦還鄉，結婚、建房、買地，成了海外移民終身奮鬥的最高目標。

曾經有一些人非議近現代海外華人，説他們賺了錢便拿回家鄉，並沒有對居留國產生積極的影響。試問，當海外華人絕大多數是苦力勞工的年代，當他們在居留國被種族主義者作為排斥對象的年代，他們生活在一個無助的社會底層，受人欺凌，甚至連生存都受到威脅的時候，有什麼理由去責難他們把希望寄託於自己的故鄉呢？當我們今天研究僑鄉歷史的時候，千萬不可把今天海外華人的狀況與他們在歷史上的際遇混為一談，也不要被一些局部的表面的歷史現象所迷惑。近代海外華人並不都是民間所流傳的“沒有一千也有八百”的“金山伯”。僑鄉史也並非近代沿海一帶富饒之區的發跡史。僑鄉的歷史伴隨着中國近代歷史的不幸和悲哀，包含了不少近代海外華人的血和淚。當然，它也銘記着中國人的勤勞奮鬥和對多元文化的追求，是中國近代史上特別的一頁。

2．廣東僑鄉形成的歷史軌跡

對十九世紀中國海外移民的人數，歷來沒有一個準確的統計。廣東也是如此。據一種較保守估計，到1899年，近代海外華人約400萬人；1921年約860萬人；1949年約1260萬人。如果按廣東籍海外華人約佔54%推算，三個年份的中國海外華人數字分別是216萬人（1899）、464.4萬人（1921）、680.4萬人（1949）。（李原、陳大璋　1991：1-6）

十九世紀廣東海外移民的流向大體上是：原籍珠江三角洲和潭江三角洲的移民主要遷往美國、加拿大、印尼、馬來亞和新加坡；原籍潮汕地區的移民主要遷往泰國、越南、柬埔寨和印尼；原籍客家地區的移民主要遷往印尼、馬來亞、新加坡和越南。東南亞是主要移居地，其次是北美。而廣州、澳門、香港、汕頭（漳林港），是華人出國的主要

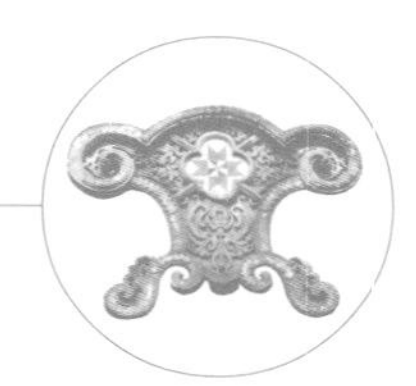

口岸。

廣東僑鄉的出現大約可分醞釀和初步形成兩個階段。十九世紀五十至七十年代是醞釀階段；七十至九十年代是初步形成階段。而到了二十世紀初至三十年代，廣東僑鄉則進入穩定和發展時期。

在廣東僑鄉中，有三個核心地區：珠江三角洲、潮汕平原和梅州。若以方言劃分，則為廣府話地區、潮州話地區和客家話地區。

這些被稱為僑鄉的地區都有下面的一些共同的特色：

其一是僑匯或僑資成為當地社會經濟的重要支柱；

其二是僑戶成為一種特殊的社會階層；

其三是生活消費力明顯上升；

其四是與海外的聯繫大大加強；

其五是形成了特殊的僑鄉文化。

僑鄉的這些特色顯示了嶺南地區近代的重要變化。從嚴格的意義上看，僑鄉的經濟已經不再是以男耕女織為基礎，自給自足的自然經濟。以廣東新寧（台山）縣為例，在十九世紀末，即僑鄉的特徵基本形成後，從事工商活動的人大量增加，而專門從事農業的人口只佔人口總數的六分之一。在這種社會裏，土地的擁有已不再是財富量度的唯一標準。商品經濟大量滲入，從根本上改變着人們的生活模式、價值觀和社會結構。尤其在文化意識上，再不是儒家文化的一統天下。西方文化形態滲入的結果，為僑鄉走向近代開拓了新的道路。（鄭德華、成露西　1991：13-27）

中國近代僑鄉形成的歷史意義遠非中國農村局部變化如此簡單。中國近代史的研究者對鴉片戰爭以來中國上層社會的狀況和演進，作了深刻和細緻的研究。但是在這個歷史階段，中國社會的基層狀況又是如何呢？除了鄭觀應、康有為、梁啟超、孫中山等中國近代赫赫有名的思想家、改革家和革命家之外，佔人口絕大數的普羅大眾的狀況又是如何？難道他們只能是先知先覺者的附庸，在歷史的發展的關鍵時刻懵然地隨波濤漂流？中國南方僑鄉的形成和發展，為此作了最好的回答。

中國近代社會的歷史轉變是一個非常曲折而又沒有徹底完成的過程。封建王朝的結束，自然是一種劃時代的標誌，但並不意味着轉變的最後完成。僑鄉則從局部基層社會的層面展現這個轉變的歷史軌跡。這個轉變的推動者就是那些漂流海外的苦力勞工、破產農民、小商販和新生的華人資本家。

僑鄉形成的歷史過程也是頗為有聲有色，波瀾壯闊的。從十九世紀中開始到二次大戰前夕，南中國著名的海上絲綢之路，其活動的主角再也不是從事海外貿易的商人和航海家，而是那些來自僑鄉的民眾。這個歷史時期的海上絲綢之路，實際上變成了華人出國和回歸之路。（鄭德華　2001．11：1-7）

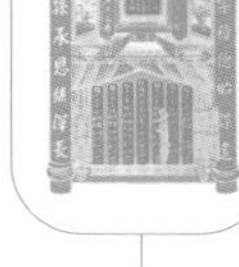

僑鄉出現在中國近代史中的重要意義，首先在於它是基層社會走出封建主義社會、經濟、思想樊籠最早的社會嘗試。僑鄉和海外華人對中國近現代歷史的作用和影響涉及許多方面，從政治、經濟、到社會文化，無不留下他們影響的痕跡。

不僅如此，中國近代僑鄉的出現，還為中西文化交流提供了一個非殖民活動的形式。如果説澳門、香港明清時期在中西文化交流活動的背景是一類，那麼僑鄉毫無疑問是另一類。

正如不少學者已經指出，澳門是中國近四百年來一直沒有關閉的對外文化交流的窗口；香港是中國近一百多年來與西方聯繫最重要的渠道。但是它們在一定的歷史階段，都曾在西方殖民統治之下。我們在這裏提出西方殖民統治的問題，並不是想否定或貶低它們在近代中西文化交流中的地位和作用，而是想引起對另一種文化交流的形式和渠道的注意。

僑鄉文化突破了中國文化明清以來形成的保守、內向的一面，打破時代的禁忌，把目光投向世界，從而帶來了新的文化因素。在中國文化發展的歷史過程中，我們看到的主要的是精英文化對基層文化的主導作用。基層文化往往是以追隨、模仿精英文化為特徵的。僑鄉文化以吸收西方和外來文化作為發展動力，從而使地方基層文化向現代文化邁進。這種文化的出現無疑具有先驅和啟迪的意義。從中外文化交流史的角度看，僑鄉的出現是為中國文化通向世界文化締造了一條新的橋樑。

我們不少研究近代歷史的學者稱讚林則徐、魏源、鄭觀應等一批中國近代率先放眼看世界的知識分子，但卻從來沒有人從近代文化轉變的角度去肯定僑鄉文化為中國近現代社會帶來新因素的影響。實際上僑鄉文化在中國近代史的影響和作用是絕對不容忽視的。特別是僑鄉開放和中西溶合的文化氛圍對孕育中國近代民主思潮、培育中國近代化人材、凝聚民族資本等方面的作用，應該説是非常直接的。

3．僑鄉文化

中國近代僑鄉文化的特色，可以用“以中為主，亦中亦西，多元共存”去概括。

毫無疑問，中國傳統文化仍然是僑鄉的主流文化。雖然一些中國傳統的觀念，如“父母在，不遠遊”、“萬般皆下品，唯有讀書高”、視從事商業為“末作”等等觀念開始淡漠和改變，但是人理倫常、社會基本道德規範，以至對中國文化整體的價值觀，都沒有重大或根本的改變。宗族觀念和結構，也沒有因為僑鄉的形成而削弱，反而得到某種強化，成為僑鄉與海外華人社區聯繫的重要紐帶。

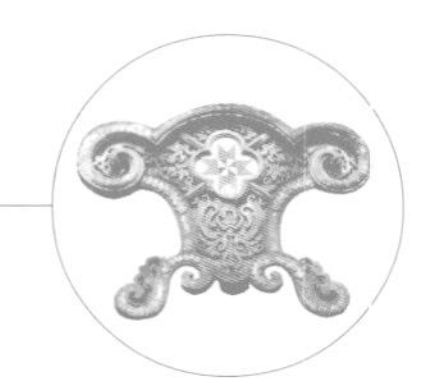

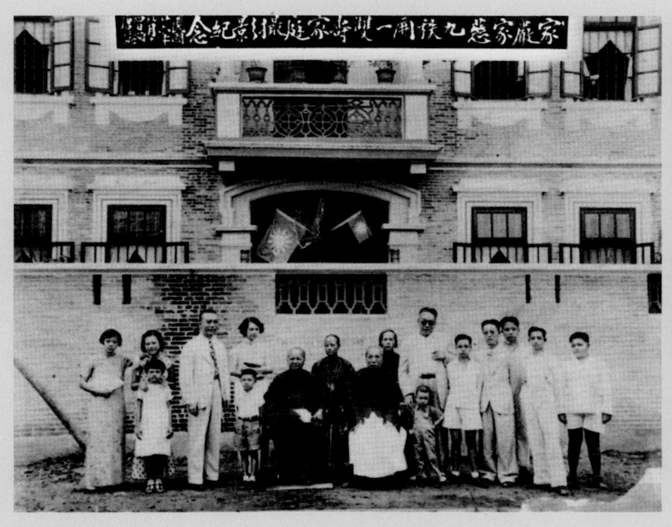

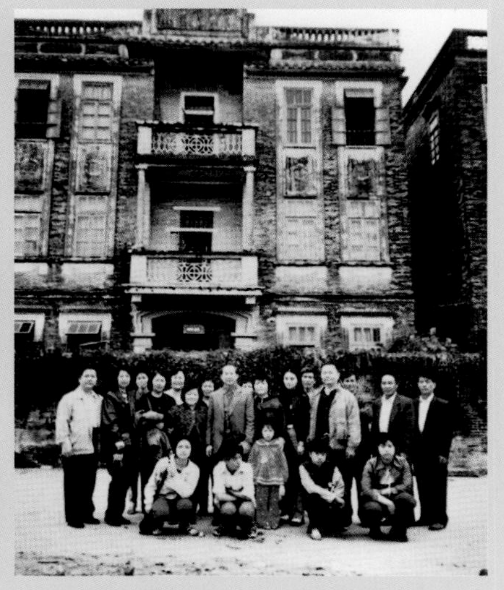

◆ 海外華人回鄉省親拜祖早已成為僑鄉的習俗。這是廣東開平市赤坎鎮護龍村永安里鄧氏兩張省親合照：一張攝於二十世紀三十年代，另一張攝於九十年代，背景是同一幢建築。

與此同時，西方亦包括一些其他異域的文化，如東南亞等文化開始溶入，特別是生活、交際、現代教育和科技等方面的文化。在僑鄉的民眾中一掃視域外文化為“夷”、“蠻”的傳統觀念，使僑鄉的生活風氣和人文氛圍大異於其他當時仍處於閉塞的中國農村。可以說，僑鄉是中國農村現代化的先行者。

中國近代僑鄉的域外文化，由於它很大程度是來自海外移民的僑居國，同時又以兼收並蓄，保留中國傳統文化的方式進行，所以它呈現出多元化的特點。僑鄉文化的形成，再一次體現了中國文化的兼融性的特質。

在這裏，我們並不完全排斥僑鄉的中西方文化溶合，其中有受西方傳教士以及其他外國人在僑鄉活動所帶來的影響成分。但應該承認的是，僑鄉的文化變遷，最重要的是通過當地的海外移民和歸僑

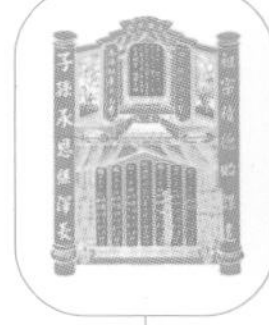

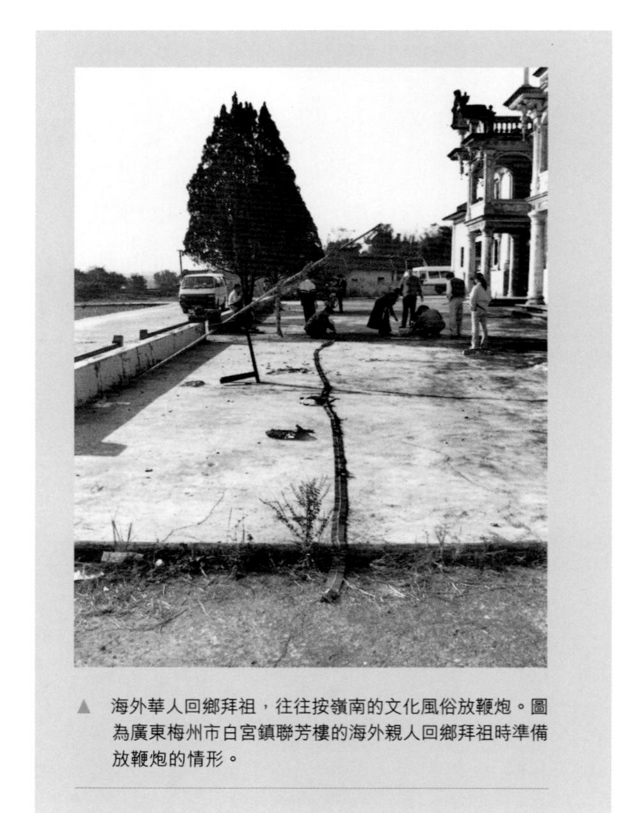

▲ 海外華人回鄉拜祖，往往按嶺南的文化風俗放鞭炮。圖為廣東梅州市白宮鎮聯芳樓的海外親人回鄉拜祖時準備放鞭炮的情形。

的活動而逐步實現的。

作為一種社會基層文化的交流和變遷，它並不需要一種先行理論的指導，也不需要一種社會政治運動的啟迪，它是在特定的社會交往中默默地進行和完成的。

僑鄉文化多元、揉合中西的特色，再次體現了嶺南文化開放、活躍、勇於開拓的傳統精神。

廣東僑鄉文化與水結下了不解之緣。它的孕育、形成和發展都和江河、海洋息息相關。廣東珠江、東江和韓江流域，都是重要的僑鄉所在地。那裏的河網縱橫，水鄉景色處處。而僑鄉的外來文化，絕大部分是通過海洋傳入的。我們甚至可以從象徵的角度說：江河水和海洋水的交匯，產生了僑鄉文化。如果說中國黃土高原文化是帶着濃郁泥土氣息的內陸文化，那麼南中國的僑鄉文化就是充滿海洋風情的水文化。

4. 廣東僑鄉舉隅

我們在上文從宏觀的視野觀察了廣東僑鄉的形成過程和它的主要特點。但是，若從微觀的角度看，廣東各地的僑鄉又有自己的特色和個性。這是因為每個地方都有不同的自然和社會條件，而歷史的發展常常會受偶然性的影響。

一般而言，廣東僑鄉大都分佈在沿海線上，或出海較方便的區域。另外，僑鄉社會發展較快的地方，大都是沿海較貧窮的區域。我們曾經希望總結出廣東僑鄉形成先後的必然原因，竟然發現僑鄉形成的先後有很大的歷史偶然性。在中國近代海外移

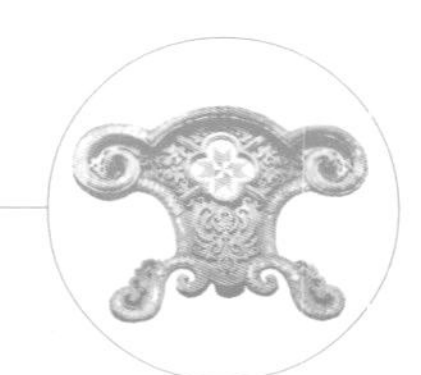

民的歷史中，宗親和同鄉的關係，是早期移民聯繫的重要紐帶。所以，除了招工的去向影響海外移民的僑居地外，早期出國移民在海外謀生的狀況及他們的活動組織能力等等，都直接影響海外移民的發展。而這些因素的地域和時間的分佈，往往是不確定的。例如，某一地方出現了一個有能力的海外華人領導人物，他通過會館等社團活動，使同鄉的移民大量增加，從而又使家鄉的社會有了較大的改變，即促使家鄉向僑鄉社會過渡。這種現象，在廣東僑鄉非常普遍，但這類領導人物出現和形成的時間和地點，是沒有固定的規律。

下面我們以廣東三個典型的僑鄉為例，進一步剖析僑鄉形成和早期發展的歷史。

• 台山僑鄉

台山早在本世紀初就有"華僑之鄉"的稱譽，後來更被稱為中國"第一僑鄉"。台山的"金山伯"（移居美國的台山人）曾經是富有的海外華人的代稱，由此可見台山僑鄉的影響力了。

台山在明代以前隸屬廣東省新會縣。明弘治十二年（1499）正式建縣，定名為"新寧縣"，直至1914年，才改名為"台山縣"。（台山縣僑務辦公室

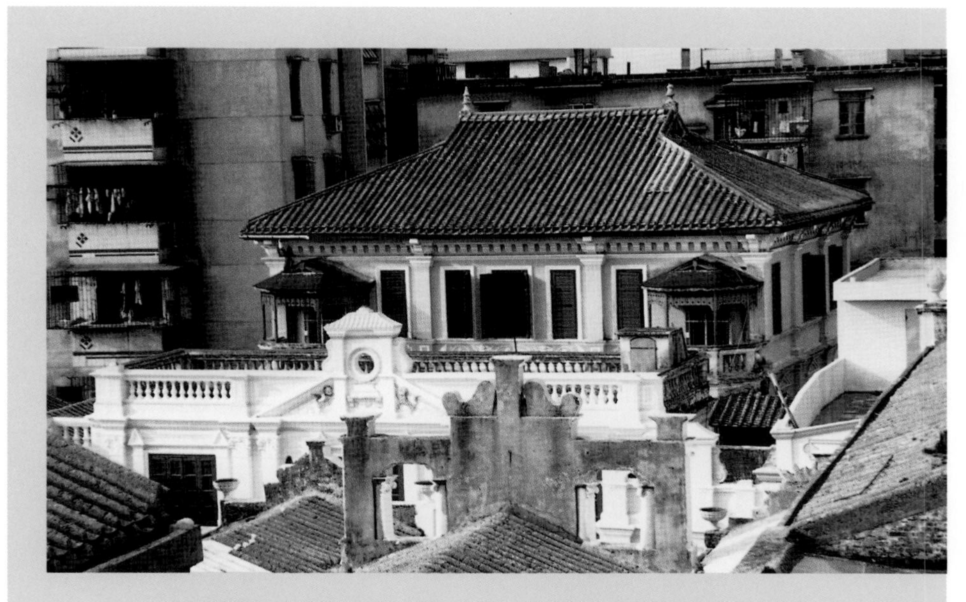

▲ 今天廣東台山市台城鎮，除了可見一些集中的洋樓群外，還有一些夾雜在中式民居中的洋房，其觀景也很特別。

1992：5；鄭德華、成露西 1991：1）

台山地處珠江三角洲的西南部，南臨南海，大陸沿海海岸線256.4公里，南部的廣海曾是廣東出海的重要港口之一。1516年，葡萄牙人來中國，首先在與廣海遙遙相對的上川島建立基地，亦可見當年台山在中外海上交通所佔的重要地位。相信在十六、七世紀，在中國南海大帆船貿易的黃金時代，台山人一定參與其中。到了十八世紀，已有台山人在東南亞活動的文字記載。但台山人最受注目的，卻是十九世紀中葉以後在美國唐人街的活動。

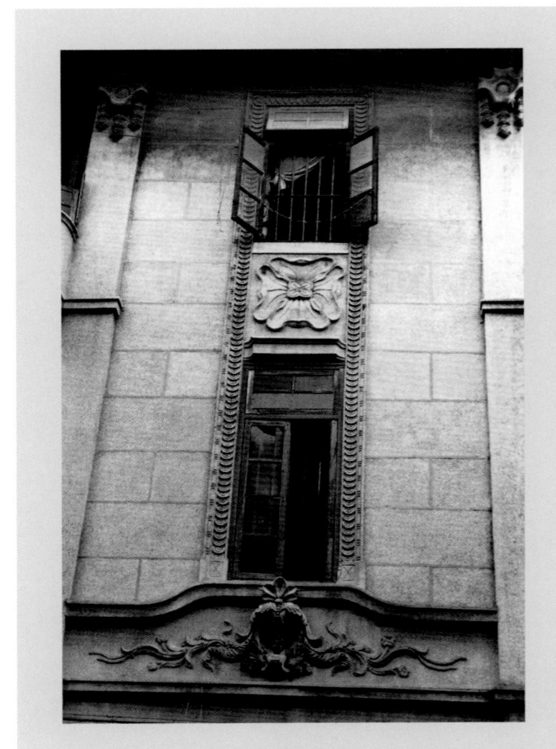

▲ 完全西式的窗台裝飾，顯示了台山建築曾深受西方建築文化的影響。

從歷史上看，台山人移居美國有三次高潮。1848年美國西部發現金礦，大批台山人飄洋過海，參與淘金行列，形成了第一次移民潮。1865年，美國開始修築太平洋鐵路，需要大批勞工，吸引了不少台山人的前往，這就是第二次移民潮。1943年美國國會通過廢除排華法案，而採用新的移民法案，使不少台山人獲得移民美國的機會，於是出現了第三次移民潮。

台山經過十九世紀第一、二次移民潮，僑鄉的雛形在光緒年間（1875-1907）已經形成。據1899年台山印行的《寧陽牘存》記載："自同治以來，出洋之人日多獲資回華，營造屋宇，煥然一新。"但"能樵耕者不及十之二、三"。台山經濟對僑匯的依賴越來越大，逐步形成了"外購內銷"，以消費為主的經濟模式。下面幾方面的發展，都顯示台山僑鄉社會的特色。

以商業為中心的墟鎮迅速增加。道光年間（1821-1850）全縣只有52個墟鎮，到光緒十九年

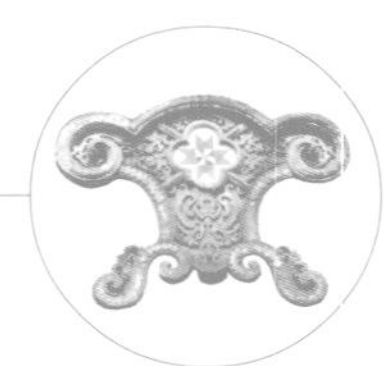

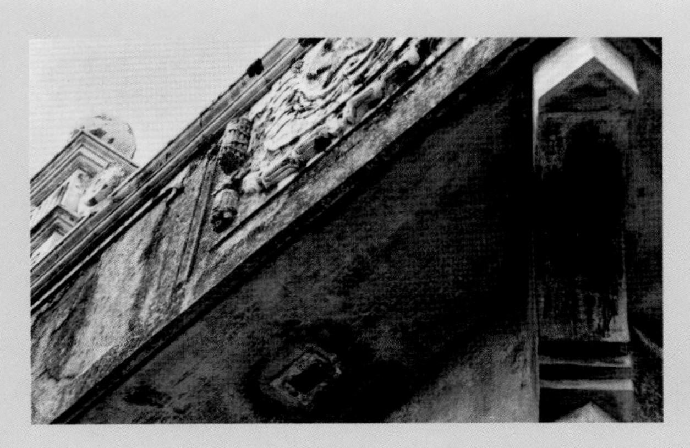

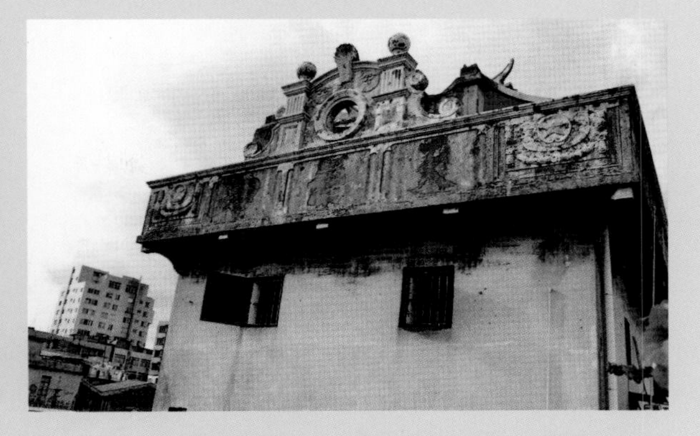

◆ 現存於台山市台城鎮的“天福押”樓是一座碉樓式的建築，曾是當地有名的當鋪。它的頂部是外挑露天迴廊和山牆，球體的裝飾和浮雕圖案等等，都採用西方的式樣，充分說明了僑鄉建築受西方文化的影響，不僅限於民居的範疇。天福樓頂層露天迴廊有槍眼，是特別的防衛性設計。

(1893) 已增加到72個。“金山莊”(錢莊)、金銀舖、布疋百貨店、建築材料店紛紛出現。(鄭德華、成露西 1991：89-95)

辦新型學校蔚然成風。1850年前，台山全縣只有舊式書院5間，到1911年，新辦的學校就有47間，為原來的九倍。這些學校的創辦多與華僑有關係。從1907-1949年，海外華人捐助、參與建造的學校97所，充分表現了他們對教育事業的熱心並非一朝一夕，而是持之以恒。(同上注 22-24；台山縣僑務辦公室 1992：120-127)

興起辦慈善事業的風氣。據本世紀初台山出版的刊物記載：“近年藉外洋之資，宣講堂、育嬰堂，增醫院、方便所、義莊諸善舉，所在多有。”修橋、築路、建醫院後來發展為海外華人關心家鄉，樂於慈善活動的一種社會傳統。(鄭德華、吳行賜 1982：454-489)

另外，西方文化的慢慢滲入，使台山傳統的生活習俗逐步起了變化，採用西方的服裝、食品、語言成了一種時尚。中國傳統農村文化中夾雜着西方文化成為僑鄉文化的特色。

台山僑鄉的穩定和發展是在二十世紀的二、三十年代。在這段期間，僑匯的數量十分驚人。如

1937年，台山、開平、中山、新會、鶴山、恩平、順德等僑匯總額七千二百萬，其中台山一個縣就有三千五百萬，佔48.6%。（鄭德華、成露西　1991：88）在僑匯大量流入的作用下，台山地區不僅在生活形態方面，而且在整個社會的各個層面都發生很大的變化；台山與海外華人的聯繫網絡已經形成；僑鄉中西文化的融匯得到進一步的發展。

新寧鐵路是近代中國僅有的兩條民辦鐵路之一，也是影響台山社會經濟最大的華僑投資。鐵路從1906年動工至1920年全線通車，路長138.101公里，招集股本3658595元，大部分是海外華人資本，尤其是美國華人資本。（同上注　55、87）雖然鐵路在1939年被拆毀，運行的時間很短，但其影

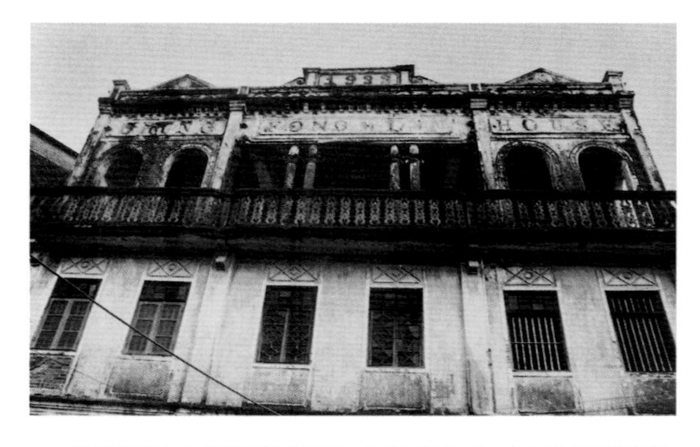

▲ 這幢位於台山市田頭鎮的民居，不僅式樣西化，而且在頂層立面的拱券柱廊上，刻有樓主名字的英文字樣。

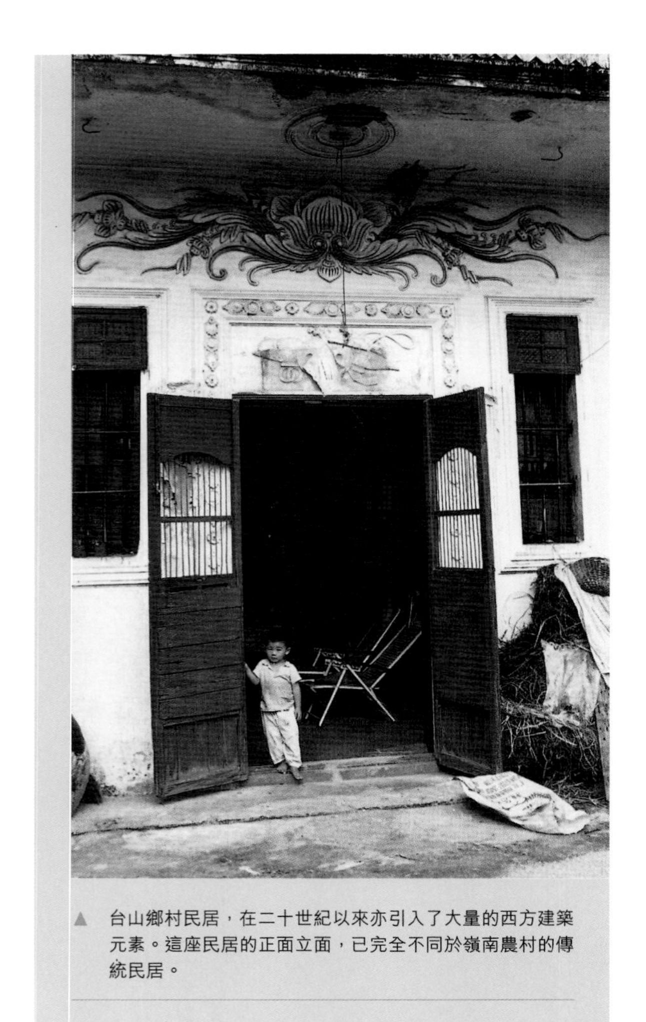

▲ 台山鄉村民居，在二十世紀以來亦引入了大量的西方建築元素。這座民居的正面立面，已完全不同於嶺南農村的傳統民居。

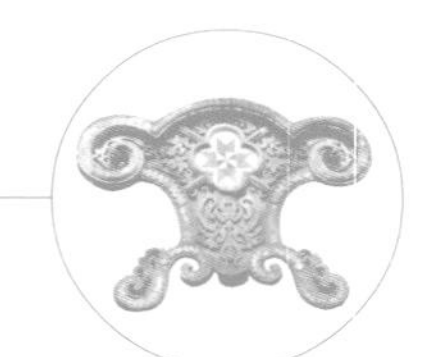

響卻是巨大的。在鐵路建成的帶動下，台山公路、對外航運網絡在三十年代迅速形成；沿線商業性的墟鎮不斷冒起；建築業掀起熱潮。台山中西合璧的華僑房子，多是二十世紀前三十年的建築，那正是鐵路運行的年代。

在二十世紀上半葉，台山僑鄉與海外華人聯繫有一種特殊的方式，那就是辦僑刊。這種刊物多由村、姓氏、宗族主持刊行，以海外華人為主要閱讀對象，經費亦多由海外華人捐助。台山最早出現的現代刊物是《新寧雜誌》，創辦於1909年，是中國最早期的現代雜誌之一。目前，仍可看到的台山舊僑刊（1909-1949）約122種，可見早在二次大戰之前，辦僑刊已蔚然成風，此實屬一種特有的僑鄉文化現象。（鄭德華、吳行賜　1982：454-489）

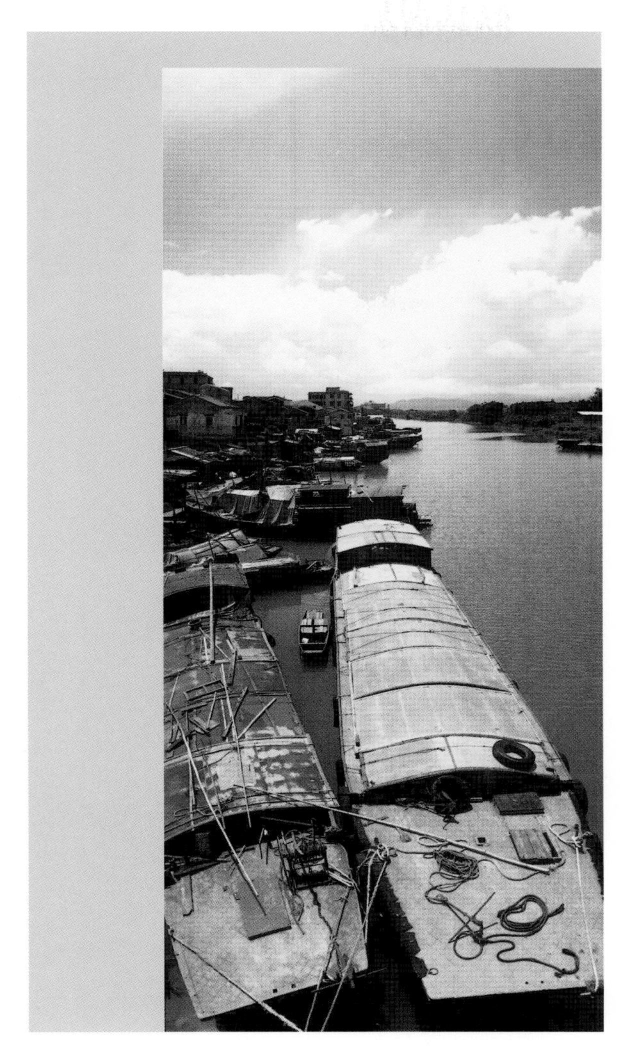

▲ 台山斗山鎮曾是新寧鐵路的始發站。由於鐵路的建成，使這裏迅速變成一個繁華的僑鄉商業小鎮和交通樞紐，不僅陸路交通發達，水上運輸亦十分繁忙。圖為當年斗山碼頭的舊址，人和貨物從這裏可以運往廣海，然後出洋。

• 梅州僑鄉

梅州舊稱嘉慶州、梅縣，位於廣東東北部，北面靠近江西，東北與福建相鄰，四面崇山環抱，是一個由山區、丘陵和盆地構成的地區。與瀕海地區具備出洋方便，得西方風氣之先不同，梅縣成為廣東著名僑鄉，有其獨特之處。

梅州是客家方言群體集結的中心地區，而客家人的一些特質，與梅州成為僑鄉的關係極大。客家人是一個較為特殊的方言群體。他們的先人自東晉

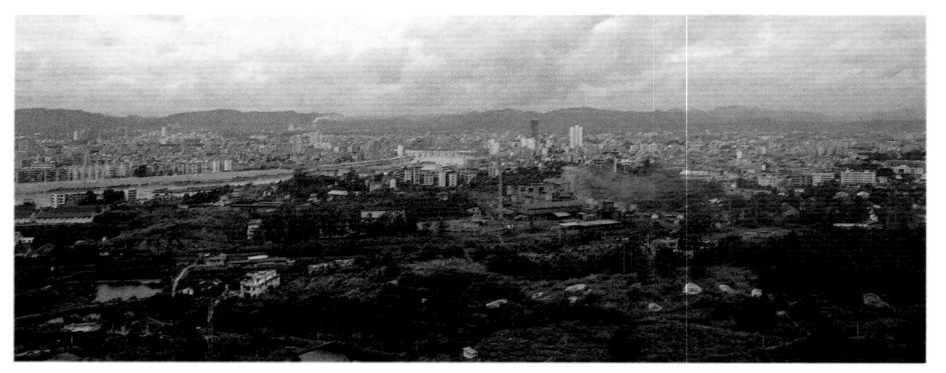

▲ 梅州市遠眺。

（三世紀）從中原一帶，輾轉來到廣東、江西、福建三省交界，於五代十國時代（十世紀）形成了客家方言群體。長期的舉族遷移，造就了這個方言群體敢於開拓、冒險的性格，而這種特性與嶺南人是完全一致的；同時，這也是客家人向海外遷徙的潛在因素。（鄭德華　2001 ·3 ：1-9）

由於地理上的關係，梅州客家人移居海外較晚，人數也比廣府或潮汕地區少。但就影響力來說，海外客家人是毫不遜色的。1778年梅州石扇鎮人羅芳伯在婆羅洲坤甸成立的“蘭芳公司”，存在106年，是頗值得一書的海外華人組織。（羅香林　1961 ：33-64）1801年客家人在馬來亞檳城成立的嘉應會館，是海外華人會館的首創。（Yen Ching-hwang　1994 :702）可見，客家人在海外華人史中，佔有重要的一席位。

不少著作把梅州華僑史的上限定在1227年，即文天祥抗元餘部逃到婆羅洲為起點。這恐怕與近代海外華人史沾不上邊，亦與梅州僑鄉的形成沒有直接關係。梅州僑鄉的形成，並沒有脱離十九世紀東西方勢力撞擊的大氣候。

梅州耕地資源缺乏，全縣77.7%的土地為山

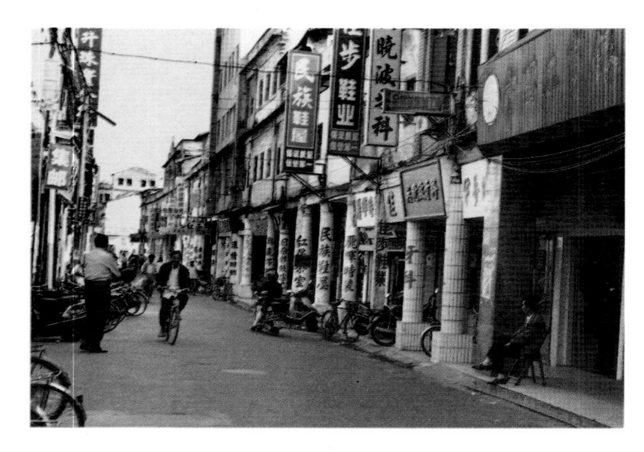

▲ 梅州市舊城區的騎樓建築群。

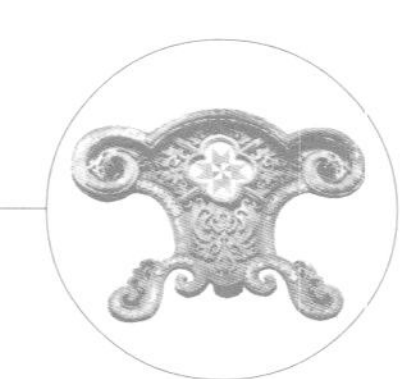

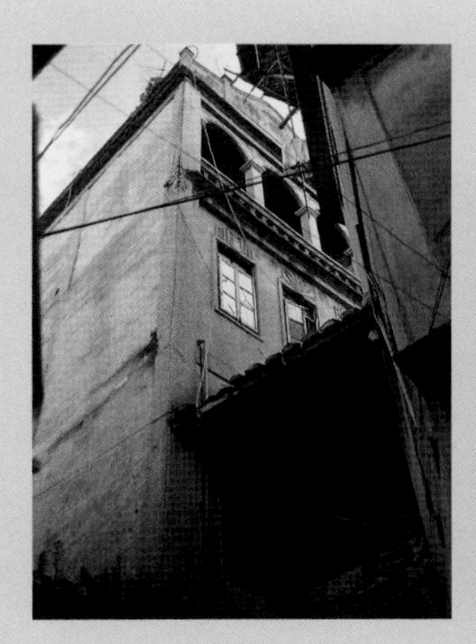

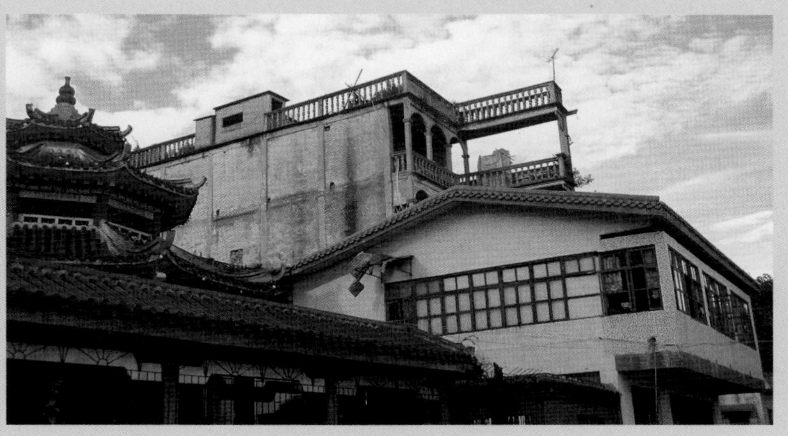

◆ 梅州市舊城區中西合璧的洋房，有些十分別致，除拱券柱廊結構外，還有單獨外伸的長廊。

地。在明、清之際，隨着人口的自然增長和閩西、贛南客家人的不斷入遷，土地已不敷人口的需要；更加上清政府長期實行禁止採礦政策，山區的資源亦難以利用，所以，在康熙解除海禁以後到雍正、乾隆年間，梅州客家人已不斷向外遷移，當然包括少量的海外遷移。（鄭德華　1989：64-87）然而，作為影響當地社會的海外移民潮，是在十九世紀中葉以後才出現的。

導致梅縣十九世紀中葉以後出現移民潮有下面的原因。

十九世紀上半葉，梅州人口繼續膨脹。嘉慶二十三年（1818），人口為150273人，到了道光二十七年（1847），人口已達268193人。二十九年人口增長78%，這是一個很高的比例。在當時的情況下，唯一的有效的解決辦法就是向外移民。（梅縣地方志編纂委員會　1994：202）

另一個原因是太平天國失敗後，以客家人為主力的太平軍餘部，有的直接飄洋過海，有的逃到沿海港口，被作為“豬仔”賣往海外。如守衛嘉應州的太平軍汪海洋部，被清兵擊潰後，絕大部分不

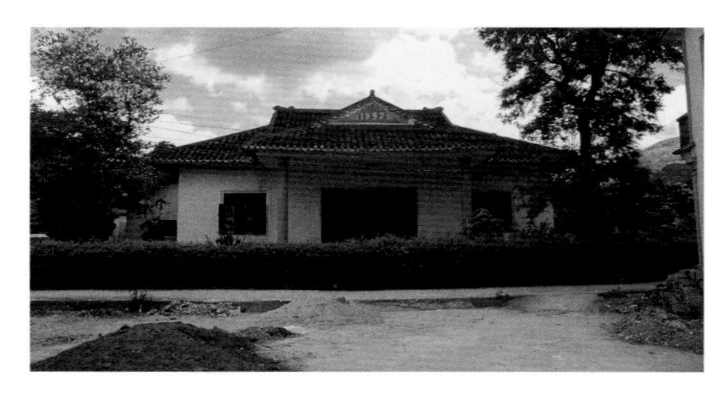

▲ 梅州洋坑二十世紀五十年代海外華人興建的房子。

敢回家，紛紛通過不同途徑逃到外國，成為近代早期的客家海外移民。（韓素音 1994：58）

明清之際梅縣地區興起的採礦業和商幫，對十九世紀中葉的海外移民亦有着直接或間接的影響。當時不少西方殖民地，如馬來亞、印尼、南美、非洲等，需要發展礦場，善於採礦的客家人於是結伴而往。而伴隨着海外華人社區的興起，商業的需求亦隨之而來。客家商幫在海外，尤其是東南亞活躍起來，從而又增加了一種推動客家人移居海外的因素。

梅州客家人出國的路線主要是取道汕頭地區的海港，如早期的漳林港，還有由陸路到廣州、澳門、香港，然後再放洋出海。而主要的國家是馬來亞、印尼、泰國和新加坡。據有些研究所得，早期客家人出國，20%是作為"豬仔"被賣出去；80%是由"水客"帶出，可見，水客在近代早期客家海外移民史中，曾經扮演過頗重要的角色。（曾濤 1992：66-71）

梅州的水客活躍，與其地理位置有關。梅縣地處山區，出國、與外國傳遞消息和物資，在當時來說是一件極為困難的事，而專門來往於海外華人社區和僑鄉之間的水客，則可以幫助解決這種困難。他們可以為海外華人和僑鄉的眷屬帶錢和信件，帶客和帶物品。

梅州籍的水客一般做本縣、本村，有鄉親關係的人的生意，表現了客家人特別講究鄉親情誼的民風。水客中有分"走大幫"和"走小幫"兩種。前者是專門趕赴中國民間的三大節日：春節、端午和中秋，佔水客的多數；後者是作平日的生意，佔水客的少數。梅州的水客還有一種特別的業務，就是替海外華人回鄉找妻。原因是客家人非常重視語言的溝通和生活習慣的相同。一般的情形是，受託的水客回鄉後，請熟人做媒，向被物色的女子的父母介紹男方的情況，若女方的父母同意，則由水客帶女子的相片給在外洋的男方看，如果男方感到滿意，翌年或下次便託水客把女子帶出洋。這就是梅縣在本世紀上半葉流行的"隔山娶妻"。這種男女結合的方式，成為僑鄉一種特別的風俗。（張自中 1994：211-217）

梅州的水客與南中國其他地方的水客一樣，從

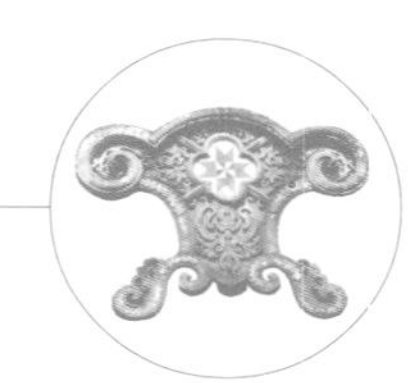

十九世紀後期一直活躍至上世紀五十年代，主要地區在東南亞。二次大戰後至五十年代初，是水客活動的鼎盛期。其時，一位梅州籍的印尼水客梁建茂發起組織“水客公會”，參加者有五、六百之眾，可見這個時期水客行業之盛。（同上注）

作為廣東重要的僑鄉之一，梅州形成的時間較晚。從十九世紀中葉到二十世紀初年，是僑鄉形成的醞釀期。到了本世紀二十年代前後，梅縣僑鄉的特點才明顯表現出來。

首先是海外華人回鄉投資。自1911年以後，回鄉投資的華人先後辦了五間採礦公司：

1911-1928 年梅縣海外華人回鄉投資的採礦業		
成立年份	公司名稱	投資金額
1911 年	協泰煤礦公司	10 萬元
1912 年	人和公司	1 萬元
1915 年	楊文煤礦公司	1 萬元
1915 年	謝田煤礦公司	1 萬元
1927-28 年	有利公司	1.5 萬元
資料來源：黃綠清、杜佳　1997：158-159。		

同時期的華僑還有投資其他工業。如振東織布公司（1915）、南昌皮革廠（1915）、光耀電燈有限公司（1916）、勝利毛巾廠（1918）等。海外華人回鄉投資工礦企業，對改變梅縣社會生產結構，有很大的促進作用。（同上注）

梅州的海外華人除了投資工礦業外，還投資金融業、交通業、服務業和商業。

梅州海外華人投資的高峰期在二、三十年代，而且有一個較特別情況，就是在抗戰初期，投資仍然處於上升的趨勢。原因是“七．七”事變後，沿海受到日本的侵擾，而梅州地處內陸，未曾淪陷過，可以繼續投資。

梅州素有“文化之鄉”的雅譽。1935年全縣已經共有小學518間、中學15間，辦學風氣十分濃厚。這些學校，有一半以上曾得到海外華人的支持和贊助。在推動教育方面，海外華人實在功不可滅。（梅縣教育志　1989：30-31）

• 汕頭僑鄉

在廣東僑鄉中，汕頭（主要指今汕頭市和澄海、南澳、潮陽縣一帶）是另一種類型。

汕頭與海外的聯絡有其較深遠的歷史根源。但是，現在的汕頭僑鄉，特別是汕頭市，卻是近代史的產物。她的出現，伴隨着中西勢力撞擊和中國海外移民運動的浪潮。

汕頭位於廣東的東南部，東與福建毗鄰，北接興梅客家地區，在歷史上曾是中國南疆重要的出海口之一。在明代以前，這一帶的出海口在今天的饒平縣的拓林，到清代康熙二十三年（1684）正式廢

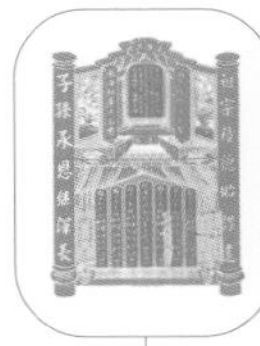

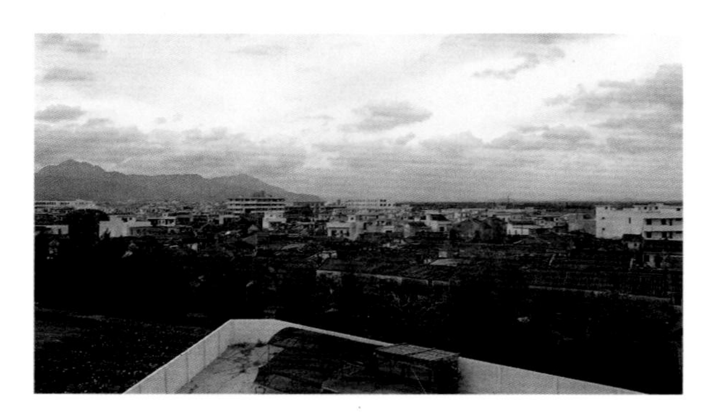

▲ 廣東澄海漳林港舊址遠眺。

除遷界政策後，澄海的漳林迅速崛起，成為中國東南海運貿易的重要港口。乾隆十二年（1746），清朝准許商人領照到暹羅去採購大米和木材，標誌着貿易方面的海禁徹底解除。漳林不僅成為貿易港，而且成為移民口岸。潮汕地區、南福建、梅州客家地區的海外移民，都集中在這裏放洋。（林風 1986 ： 13-14）

然而，由於清朝政府對人口遷移仍有限制，而且當時的交通亦不像今天那樣方便，加上早年的潮汕地區海外移民，尤其移居泰國者，不少願意與當地的婦女通婚，留居當地的不少，造成移居海外的人與家鄉的聯繫並不像其他僑鄉那樣密切。所以，漳林港的興旺只是為後來僑鄉的形成奠定了一個基礎。

第二次鴉片戰爭結束後，根據1858年《天津條約》，指定潮州開為商埠，於是開始了粵東移民和僑鄉發展的新時代。汕頭原屬潮州府澄海縣的一個海防點，叫“沙汕頭”，《天津條約》後成為貿易口岸，屬澄海縣。1860年開埠後，發展異常迅速，1921年成立汕頭市，隸屬廣東省管轄，但由於歷史的淵源和地域的相連，作為僑鄉，她與澄海仍有着許多不可分割的關係和共同的特點，故這裏論及的“汕頭僑鄉”的一些特點，實際上也包括了澄海及其鄰近地區。（同上注　10-25）

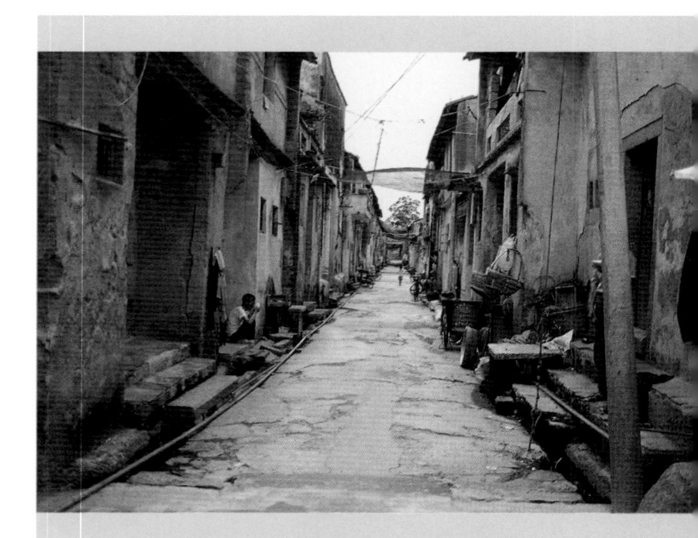

▲ 廣東澄海漳林港舊址的新興街，在清末華人出國盛行的年代，曾是商業繁華和對外交往非常頻密的地方。

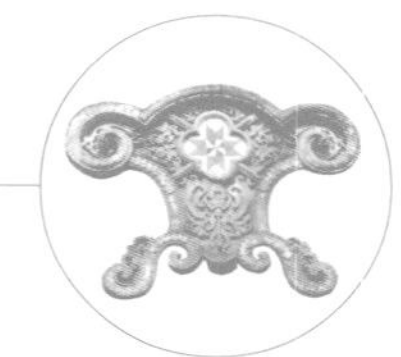

自1860年以後，經汕頭出國的移民與經漳林出國的移民，有一些明顯不同的特點。

首先是出洋合法化。不僅自由移民合法，連“契約華工”出國、“賣豬仔”也合法，於是成批的移民代替過去零散的單個移民。

汕頭成為中國海外華工的輸出地之一。《天津條約》以後，第一是英國，接踵而來的是荷蘭、美國、西班牙、葡萄牙和德國，他們相繼在汕頭建立起招商局，進行勞工販運。另外，大部分在汕頭的洋行都設有專為販運華工服務的“豬仔館”（亦稱“咕哩館”、“客頭行”，葡萄牙人稱為“巴拉坑”）。英國先把勞工運到新加坡、檳榔嶼，再分送爪哇、蘇門答臘、北婆羅洲或圭亞那、悉尼等地；荷蘭主要把勞工運到印尼的日里；美、德、葡、西則把他們運往南美哈瓦那、秘魯等各自的殖民地。（徐藝圃　1986：53-75）勞工販運延續約五、六十年。據不完全統計，自1876年到1898年的二十多年中，從汕頭運出的豬仔華工就有151萬人，數量非常驚人。（林金枝　1986：107）

同時期的自由移民主要移往暹羅（泰國）。這實際是漳林港時代移民方式的延伸。不僅如此，自汕頭開港百多年以來，汕頭人主要移居地是泰國和新加坡。其餘主要分佈在馬來亞、越南、柬埔寨、老撾、印尼等。直到本世紀七十年代，印支三國難民向世界各地擴散，不少華裔遷到美國、加拿大、南美洲、澳洲和歐洲等地。

汕頭地區的海外移民有一個非常特別的地方，就是移民不是單向流出，而是移出和移入的數量都較大。

實際上，汕頭地區的海外移民和回歸的人口數目，均受當時國內局勢的影響而波動。如民國初年，汕頭局勢混亂，淨出國人口猛增至每年4-5萬人；相反，二十世紀三十年代初，受世界經濟危機的影響，回流人數直線上升：1931-1933年，共回來212548人，出去161784人，回來比出去多50764人次。（袁偉強　1991：44-45）

汕頭僑鄉如其他僑鄉一樣，除了出洋人口眾多之外，受海外華人經濟影響很大，是其另一特色。一般說來，在民國以前，海外華人拿回家鄉的錢，除了養家活兒外，稍有能力的便建房子，買地的不多，投資也較少，故僑鄉的出現主要表現在生活形態上。民國以後，投資、買地的大量增加，僑鄉的變化則表現在社會形態上。僅以澄海和汕頭為例，便可見汕頭僑鄉的經濟發展狀況。

由1911到1949年澄海和汕頭的華僑經濟狀況可分四個時期。

1911年前。估計澄海和汕頭的僑匯從每年100多萬增加到幾百萬元（大洋銀，下同），以養家僑匯為主，也有少數大額的用於置田建宅和經商。到二十世紀初，開始有些較富裕的海外華人投資工

業。如 1904 年，印尼華人張榕軒、張耀軒兄弟創辦潮汕鐵路公司，集資300萬兩，建成長39公里的中國第一條民辦鐵路。又如高繩芝投資汕頭自來水廠、電燈公司。這些投資對澄海和汕頭的社會經濟以及民生，無疑起了推動的作用。但投資並沒有成為風氣，所以這個時期的澄海，與非僑鄉比較，只是生活上富裕一點罷了。（張映秋　1986：50-52）

1912-1937 年。這是澄海和汕頭僑鄉經濟飛躍時期。據統計，潮汕地區在二十世紀二十年代僑匯每年已超過一億元，三十年代初曾一度超過兩億，以後保持在一億幾千萬的水平。當然，這個歷史時期汕頭僑匯佔大部分，澄海只佔14%左右，不過大概也有兩千萬上下，作為一個地方的縣，亦算是一股相當大的經濟力量。這個時期海外華人投資工商企業已成風氣。其中投資貿易、銀號、房地產的較多，生產性的工業投資較少。（林金枝　1986：103-133）

1937-1945 年。抗戰開始時，澄海和汕頭地區與海外的聯絡還沒有完全中斷，但也只有贍養家庭的僑匯，屬於投資的已完全停止。1939年6月，汕頭淪陷，一切僑匯中斷，汕頭僑鄉慘變，不少人家破人亡、被迫逃荒、還受日軍的摧殘，實在苦不堪言。這個時期的澄海和汕頭僑鄉，社會經濟狀況比其他非僑鄉還差。

1945-1949 年。抗戰勝利，僑匯急劇回升，其中投資部分亦達到歷史的最高水平。但是這種景象很快就受到政局動盪的影響。四十年代後期金融的不穩定，使僑辦企業、僑眷蒙受很大損失。澄海和汕頭再一次掀起海外移民潮。

根據一些學者的研究，二十世紀上半葉澄海和汕頭的海外華人回家鄉投資有下面的特點：1．以房地產和商業為投資的重要項目；2．華僑投資主

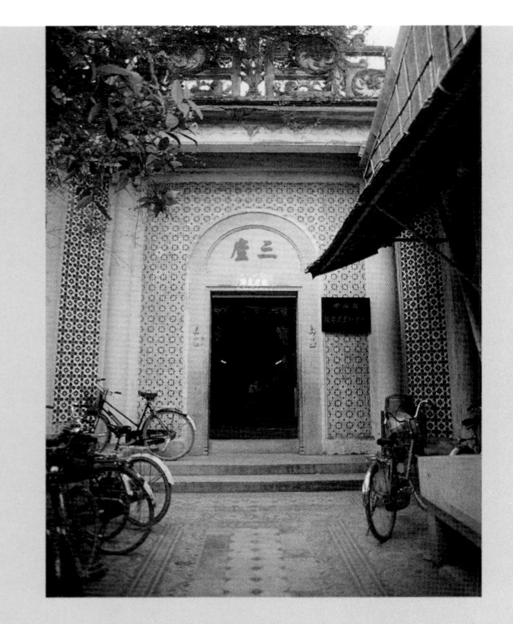

▲ 廣東澄海龍都前美村陳氏大宅是廣東著名華僑陳慈黌的故居。

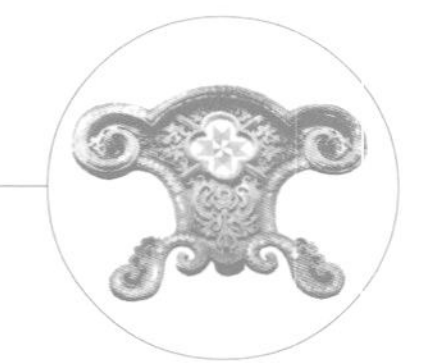

要來自東南亞；3．以合股和獨資為主要經營方式。（同上注）

在汕頭僑鄉的歷史中，有兩個機構是特別值得注意的。其一是“嶺東華僑互助社”；其二是“僑批信局”。

“嶺東華僑互助社”是一個在僑鄉成立，包括僑鄉民眾和海外華人參與的社團。1929年8月23日，一批曾追隨孫中山革命的華僑正式成立這個組織，總部設在汕頭。據當年的創建者宣稱，互助社成立的宗旨是：發揚僑胞互助精神，解除僑胞困難，組織僑胞力量，建設鄉土，參與國事。到1932年，海內外共有24個分社，社員近6000人。國內主要分佈在潮陽、澄海、潮安、普寧、揭陽（亦包括一些客家地區）；海外主要分佈在越南、暹羅、新加坡、香港、馬來亞等地。該社1934年8月23日決定改名為“南洋華僑互助社”，直至1951年為政府接管，存在凡二十多年。非常清楚，這個組織是“華僑”時代的產物，是以民族主義意識為基礎的民間組織。她曾為幫助海外華人、僑眷、歸僑解決各種困難做過一些有益的工作，對溝通僑鄉和海外華人社區起過作用，亦為抗日救亡出過力，因而在汕頭和客家地區的僑鄉有過影響。（張映秋　1991：23-38；袁偉強　1991：39-50）

“僑批信局”是在現代郵政不發達情況下出現的，它是一個海外華人與僑鄉親屬之間以特殊的方式傳遞信件、財物的機構。1949年以前，潮汕地區是廣東僑批信局最發達的地方。

潮語“批”字專指附寄款項的信件，回信稱“回批”。僑批信局沿自明朝永樂年間（1403-1424）出現的“民信局”，是專為民間傳遞信件的通訊機構。潮汕人到清末出洋時代，就是用“批”的方式通信。最初，由水客帶“批”，後來一些商戶設有專門收寄“批”的“批館”。清末，近代郵務興起，“批館”被納入民信局系統，俗稱“批信局”。可以說，僑批信局是伴隨近代海外移民和僑鄉發展而存在的。她既是僑鄉和海外華人社區的聯繫鈕帶，又是僑鄉的生命線。據1946年的調查，潮汕地區設的“批局”130多家，汕頭佔70%。而在東南亞的潮幫“批館”、“批局”共450家。汕頭的僑批局與海外聯繫，大多數通過香港的聯號或分店。第二次世界大戰前，每年潮汕地區通過“批局”的信件超過10萬封，可見數量之大。1950年起汕頭僑批局開始接受政府銀行的指導繼續經營，主要從事僑匯和代辦儲蓄工作。1979年全部結束。（常增書　1993：1-4；《汕頭市金融志》編纂小組　1993：126-149）

目前在世界各地潮汕籍海外華人約600萬，分佈在約四十個國家和地區。汕頭僑鄉正希望透過國際聯誼會、同鄉會、宗親會，提出利用“親、地、業、神、物”等“五緣”作為鈕帶，加強與海外華人的聯繫，繼續推動僑鄉的前進。

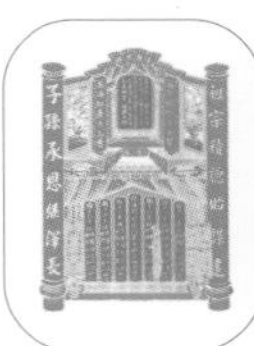

二・僑鄉中西合璧建築

1．中西合璧建築潮流的興起

廣東僑鄉中西合璧建築的潮流孕育於十九世紀末、二十世紀初，而興起於二十世紀二十至三十年代。

僑鄉建築的熱潮是隨着僑鄉的形成和穩固而出現的，甚至可以說建築熱潮的出現是僑鄉成熟的一種表現。

如前所述，廣東的海外移民潮從十九世紀中葉到九十年代，經歷了大量勞工出國（包括豬仔貿易）和中下層自由移民到國外謀生的發展過程，一個海內外聯繫的網絡已經形成。中國近代出現的僑鄉，其成因主要包括政治、經濟和社會等因素，但就其影響來說，文化卻是重要的一方面。

十九世紀的中國海外移民，無論是豬仔華工或是自由移民，他們都把“落葉歸根”作為自己的理想和歸屬。他們在故鄉要做的事最重要的是：1. 建房；2. 結婚；3. 買田。（實地調查資料）

從這三件大事可以看出，中國近代早期的海外移民和勞工，他們把建立一個像樣的家作為人生奮鬥最高的目標。而擁有自己的房子，則是第一件大事，因為房子是安家的基本條件，也是中國農民在建立家園時，不論貧富，都必須考慮的首要問題。

至於結婚，則是完成家的重要環節。直到二十世紀四十年代，海外華人社會的性別比例仍然嚴重失調。在男性比例極高的情況下，絕大多數的海外華人只能回家鄉結婚，完成這件人生大事。

第三件大事是買田，即擁有自己的土地。這是在以農業為主的中國農村農民賴以維持生計的重要保證，也是一般農民自給自足的基本條件和財富的象徵。尤其當時不少海外華人居住的地方，都有排華的傾向；另外亦由於文化水平等等因素的關係，他們在很大程度上沒有融入當地的社會，不希望把自己的家建立在一個感到不安全、不熟悉的地方；再加上當時中國農村強大的宗族結構，對族人有一種保護的作用，所以，直到第二次世界大戰結束以前，絕大多數的海外華人都把自己的家安置在故鄉，以買田作為維持家人生活的手段。

廣東僑鄉的歷史發展表明，建房是僑鄉穩定後掀起的第一種社會熱潮。

早在十九世紀末，已經有一些走上成功之路或略有積聚的海外華人回鄉建房。與此同時，中西合璧的民居建築亦開始出現。現存於珠海市梅溪的陳芳大宅，估計就是在這個歷史年代開始興建的。（陳芳大宅資料，詳見下文）但是，現存的富有特色的僑鄉中西合璧建築，大部分是二十世紀二十年

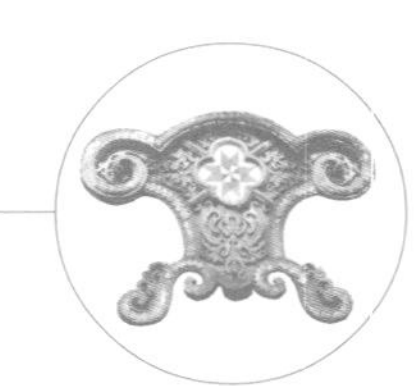

代以後建造的。亦即可說，僑鄉中西合璧建築是在僑鄉社會穩定後才得到大量的發展。

2．廣東僑鄉中西合璧建築的類型

建築往往帶有濃厚的時代、地域文化特色，所以被稱為“歷史的活化石”。我們既可以通過研究歷史文化來看某一歷史時代的建築，也可以透過建築看某一時代的歷史文化。

中西建築是中國近代僑鄉中西文化交往的歷史產物。它的出現一方面反映了中國南方農村基層社會吸納了外來文化，使原有的文化產生了變化；同時又顯示了這種文化上的變化並沒有完全脱離傳統文化的軌道，只是一些新元素的加入和溶合。

應該非常清楚地看到，僑鄉中西建築並非某種

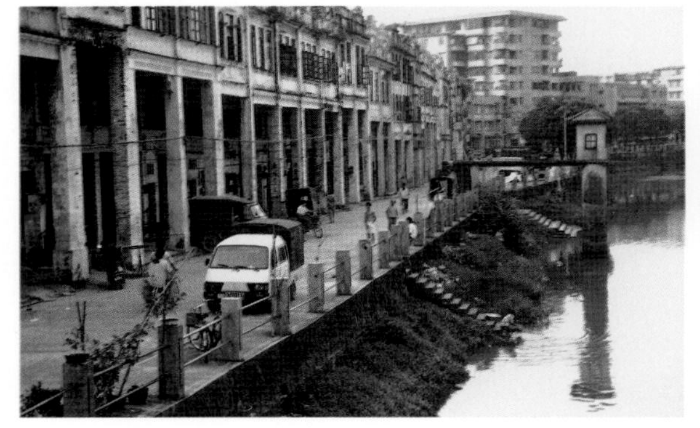

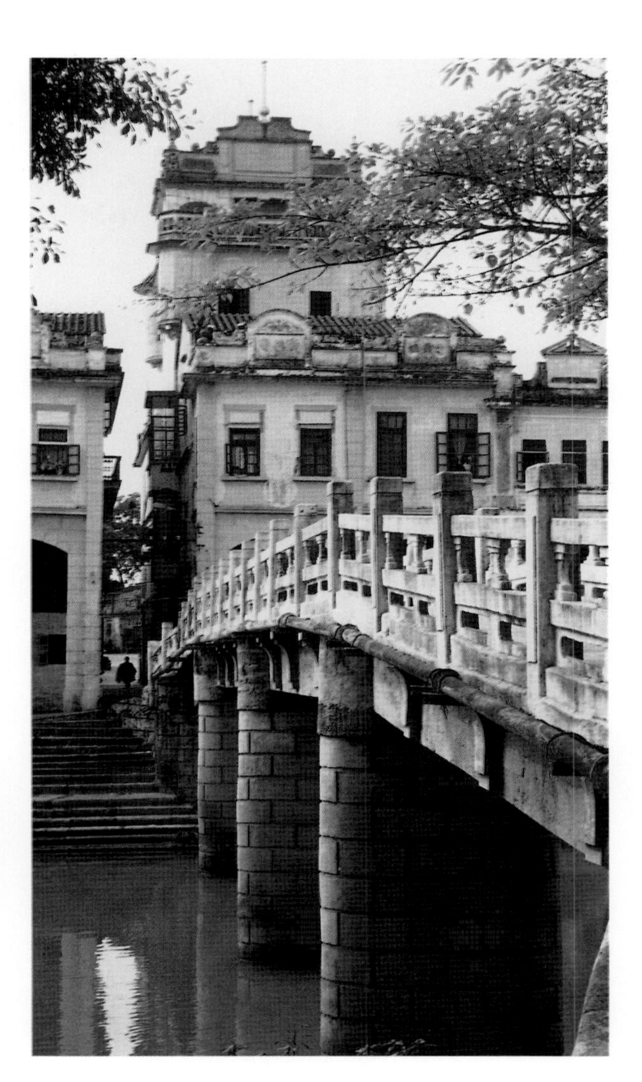

◆ 廣東開平三埠鎮有各種不同社會功能的中西合璧的房子。

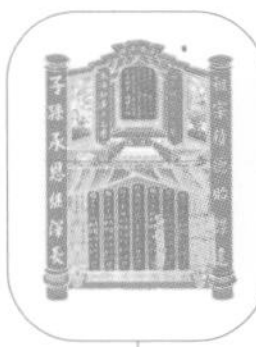

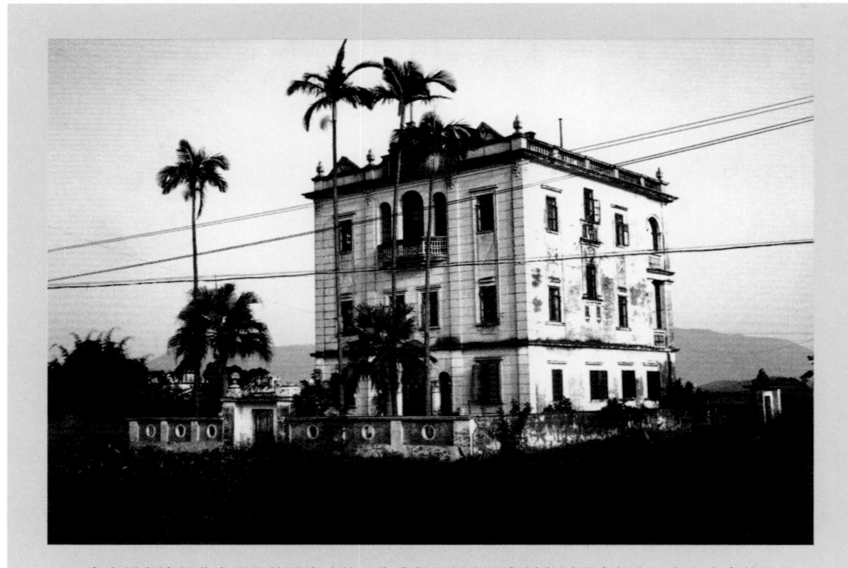

▲ 廣東僑鄉這類非常西化的歷史建築，為我們了解和研究僑鄉近百多年中西文化溶合的過程，提供很多重要的資料。

西方建築流派直接影響的結果，而是一種特殊的中外文化交往和海外華人文化觀念形態改變的反映。正是由於這種特性，使得僑鄉中西合璧建築沒有一種固定的風格形態。

本書所用的中國近代僑鄉"中西合璧建築"這個概念，是用以概括那些引入西方（包括其他域外地區）建築元素的建築物。它與傳統的中國農村建築無論形態和功能都有較大的差異，並在外觀上與傳統建築形成了強烈的對比。這種又中又西，中西結合的建築與中國傳統的建築混雜在一起，大大改變了當地的文化景觀。應該肯定，中國南方僑鄉獨特的中西文化結合的景觀，很大程度上是靠這些中西建築的出現而形成的。

僑鄉具中西合璧風格的建築，就其使用功能分類，可以分為民居和公用建築兩大類型。公用建築所涵蓋的範圍比較廣，常見的包括祠堂、學校、醫院、圖書館、當舖、碉樓等。這種功能性的分類，使我們非常清晰地看到，中西建築已經超出居住需要的範疇，擴展到社會公共事業。其中包括宗族性的社會組織、教育保健、社會治安、以至近代的金融體系等方面。所以，我們從中西建築的研究，可以看到僑鄉社會發展變化的某些脈絡和軌跡。

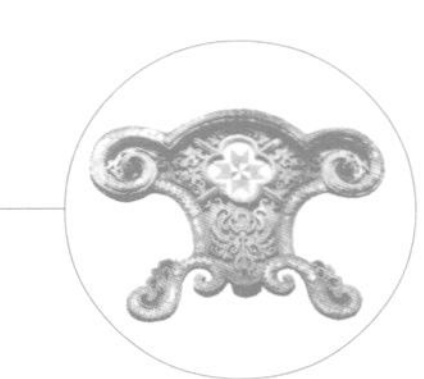

若按建築的風格劃分，僑鄉中西合璧建築可以分為西外中裏和中外西裏兩種。我們常常看到一些研究近現代中西文化交流的文章，使用“中西溶合”這一概念，但卻較少看到進一步分析如何溶合的文章。僑鄉的中西結合的建築，為我們提供了一種非常直觀的中西文化溶合現象，觀察研究它，能使我們對中西文化在社會基層的結合和發展，有一個具體而形象的了解。

3. 僑鄉中西合璧建築與中外文化交流

中國的建築界普遍認為，從1840至1949的中國近現代建築史，可以分兩個時期：1. 舊體系的延續；2. 新體系的產生，前後兩個歷史階段各有50年左右的歷史。（梁曉紅 1994：1）但若從這個歷史時期的整體來看，舊的建築體系仍然佔主流地位。這個結論，不僅從東南沿海的城市和對外通商口岸建築發展的歷史來看是正確的，而且從僑鄉建築的發展狀況來看，大體上也是如此。

十九世紀廣東農村建築，尤其民居，就其整體的形態來看，無疑仍然是以三合院和四合院的結構為基本格局。座北向南、中軸對稱、左右平衡、對外封閉，對內向心，院庭偏小，樓層偏多，是它們的共同特徵。而僑鄉建築文化的變化，亦離不開這種傳統建築的深厚影響。（黃為雋、尚廓 1993：1）

如前文所述，中國近代特殊的歷史環境造就了僑鄉，而僑鄉又造就了中西合璧建築在中國南部農村的出現，它是中西文化交流的一種果實。但是，若要進一步研究僑鄉中西合璧建築的特點和風格，就必須具體探索當時影響這些建築的若干因素。我們且從建造者、建築師、建築潮流、建築物料等方面去作初步的探討。

僑鄉中西合璧建築的建造者無疑是海外華人或歸僑。他們希望把在海外看到而又喜歡的建築物搬回自己的家鄉，從而完成海外華人建房的重要理想。這是僑鄉出現中西合璧建築最原始的動力。由於這些建造者的文化社會背景和財力所限，他們不可能建造一些具震撼力或劃時代的巨型建築，而往往只能在自己的居所建設中體現一生的願望。正如一些研究建築史的學者指出：民居是建築最易突破傳統的一環。僑鄉中西建築首先在民居中出現，再一次證實了這個論斷的正確性。

應該說，僑鄉公用性中西合璧建築的出現，是在中西結合民居出現的基礎上形成的。僑鄉發展的歷史告訴我們，隨着海外華人社會的逐步穩定，他們除了關心自己的家庭之外，亦開始關心家鄉的社會建設。他們希望家鄉能學習外國先進的東西，特別是文教衛生方面，使落後的社會面貌有所改變。二十世紀以後廣東各地僑鄉的公益事業都有一個長

足的發展，就是最好的證明。而這些出資贊助的海外華人，他們在營造公益事業建築物時，亦往往刻意模仿西方的建築形態。

由此，我們看到推動僑鄉中西建築出現的人，首先就是那些飄洋過海的海外華人。他們把在海外接受的文化概念帶回家鄉，在建築形態方面表現出來。

建築師的設計，亦是影響僑鄉建築的重要人物。據我們在僑鄉實地調查的資料所得，廣東僑鄉較為大型的中西合璧建築的設計藍圖，均出自海外或香港的建築師之手。可惜的是當年的設計藍圖，都沒有妥善保存下來。不過可以肯定的是，這些為僑鄉建築設計藍圖的建築師，就是把西方建築形態和風格具體帶到僑鄉的人。

中國廣大農村的民居建築，從古代開始就是靠農民自己和當地的木匠、泥水匠建造起來的。中國農村建築傳統對設計圖則並不十分重視，也就是説建築的設計圖則往往比較原始、簡單，許多建築物的細緻藍圖只在建築者的心中。但是，僑鄉中西合璧建築，在建造時重視圖則設計，這標誌着南方農村建築行業已經開始引入近代建築的元素。

這裏有一點必須指出的是，由於僑鄉建築的施工人員仍然是本地的木匠、泥工或本地的農民，他們在建築方面的傳統觀念毫無疑問會影響建築物的風格。所以，我們今天看到的僑鄉中西合璧建築，即使是西式部分，也常常略帶有中式的味道。因為具體建造者文化的根仍然是中國傳統文化，他們潛在的文化意識在建造房子的過程中，亦會不知不覺地流露出來，從而影響建築物的形態。這種現象其實就是人類文化在傳播和傳承過程中，受各種因素影響而產生的變異，是一種非常自然和合乎邏輯的表現。

當時世界建築的潮流，亦是影響僑鄉中西合璧建築的另一種重要因素。

僑鄉中西合璧建築出現的高潮，是在二十世紀二十到三十年代。而世界建築潮流自十九世紀末到二十世紀初，流行的是折衷主義。（梁曉紅　1994：5）這一種建築流派把歷史上曾出現過的各種西方建築風格結合起來，把古希臘式、古羅馬式、哥德式、文藝復興式、巴洛克式，以及古典主義、浪漫主義、洛可可等建築風格隨意組合，任意模仿，形成了一種仿古而又沒有固定模式的建築風格。這種建築風格正迎合了海外華人對西方建築不甚了了，而又想模仿的心態和需求。在這種潮流影響下的建築師設計的作品，運用“拿來主義”的手法，非常容易便滿足了海外華人回鄉建房的要求，所以我們現在看到的廣東僑鄉的中西合璧建築，絕大部分屬於折衷主義類型的作品。

建築材料的革新，也是僑鄉中西合璧建築能夠出現的不可忽視的因素。

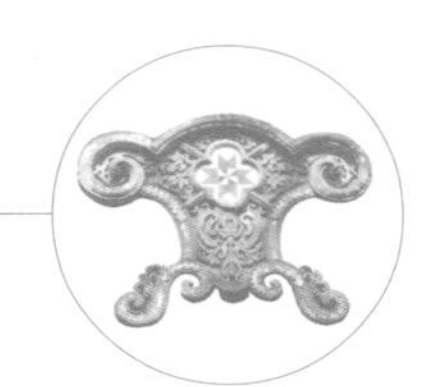

中國傳統建築的一大特徵就是以木結構為基礎。因此，要突破傳統建築，走出木架構的框架，必須在建築材料上有所創新，而二十世紀鋼筋混凝土的引進，使僑鄉中西合璧建築的出現成為可能。

另外海外華人廣闊的活動網絡，亦有助中西合璧建築對材料的找尋。廣東僑鄉中西合璧建築的原材料，部分就是直接從國外買回來的。如上文提及的澄海陳氏大宅、珠海陳芳故居，還有開平風采堂等，這些較為著名的僑鄉中西合璧的建築，其中部分建築材料就是來自外國。

從建造者的意念、設計者的文化背景、建築的時代潮流，以至建築材料的運用，我們都可以找到中西文化交流的直接影響。

4．僑鄉中西合璧建築和嶺南文化

當我們進一步深入地研究中西文化的交流、溶合的時候，必須注意的是那一個歷史時期的那一部分中國文化和西方文化交流，只有這樣，才能具體地而不是抽象地了解中西文化交流的成果。

如前文所述，嶺南文化是屬於豐富多彩的中國文化中的一種地域文化。它的形成和發展經歷了漫長的歲月。嶺南文化開放和長期吸收海洋文化的特徵，使它具備了易於接受西方和域外建築文化的優點。因此，生長於嶺南文化環境的僑鄉能孕育出中西合璧建築這一文化碩果，是嶺南文化在近代文化發展過程中合乎邏輯的產物。所以研究僑鄉中西合璧建築和嶺南文化的關係，實際上也就是研究一種中國的地方傳統文化如何與西方文化溶合的問題。

在僑鄉的中西合璧建築中，我們看到嶺南文化中對五行中的水特別重視的觀念得到保存。如在嶺南的中國傳統廟宇建築中，常用鰲魚作裝飾。把鰲魚作為吉祥物，反映了嶺南文化對五行中水的重視。另外，嶺南的傳統建築，較喜歡用鑊耳山牆。其實這種鑊耳山牆屋又稱“鰲耳屋”。這種建築形式，也是古嶺南對水重視的一種意識上的變異與延續。

由於古嶺南對五行中的水的重視影響深遠，所以在中西合璧建築中仍然可以找到它的表現痕跡。我們且不說最明顯的一些中西合璧的建築，仍然採用鑊耳山牆的造型，如澄海陳氏大宅就是典型的例子。（資料詳見下文圖片説明）其他如在一些中西合璧民居的屋頂，採用防水性能特別好的琉璃瓦，造成高挑的飛檐，使雨水能迅速流走，也是對五行中水的重視的表現。

我們還發現，僑鄉中西合璧的建築除了重視屋頂的防水、去水外，對地下排水系統亦十分重視。建於十九世紀末二十世紀初的珠海梅溪陳芳大宅，用花崗岩建造了一個非常完整、結實的地下暗渠系統，以至在2001年進行大規模維修時，仍完好無

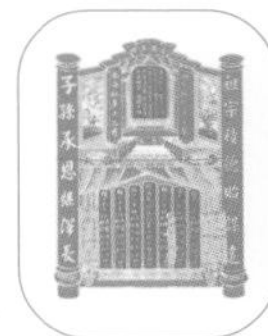

缺。特別有趣的是它的地下去水孔，雕成中國古代金錢的的圖案，明顯表現了主人和建造者有“水為財”的觀念。他們通過用金錢圖案，把“去水”變成了“聚財”，也可以說是運用風水學達到出神入化的地步了。

嶺南建築文化中的重視房子正面、門和屋頂裝飾的特點在僑鄉的中西合璧建築中亦有明顯的表現。不少帶西式格調的房子，仍然保留對樑、柱、門框、檐頭等的傳統裝飾。有的正門乾脆沿用傳統的抱鼓石、石獅、鼓台等典型的中國建築形式。也有的把西方的羅馬大柱、西式山牆、山花圖案式樣和中國傳統的繪畫、磁塑、泥塑混合在一起，把正門裝飾得非常華麗而富有特色。雖然，僑鄉中西合璧建築的裝飾亦中亦西，彷彿非常隨意，但從它着重裝飾的的部位和構圖可以看出，這正是嶺南建築裝飾文化在西方文化影響下革新性的延續。

僑鄉絕大部分的中西合璧建築都保留了嶺南風格的木雕、石雕和壁畫。

木雕多用於屏風、花罩、樑架、雀替、龕罩等方面。石雕多用於石柱的頭和石柱礎、石結構的雀

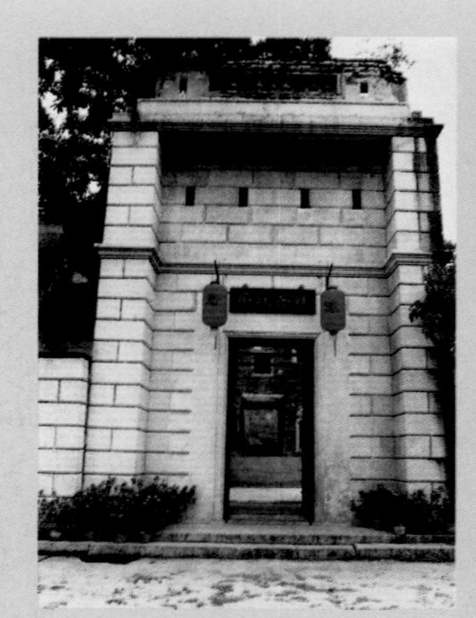

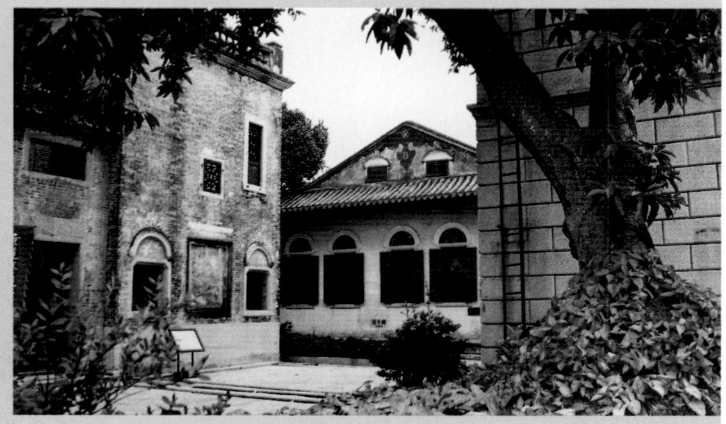

◆ 廣東珠海梅溪著名歸僑陳芳故居，屬園林式的中西合璧的建築群。正門是碉樓式的建築。

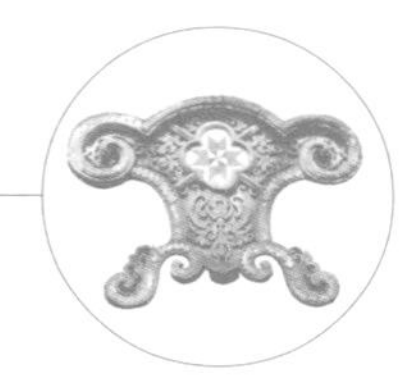

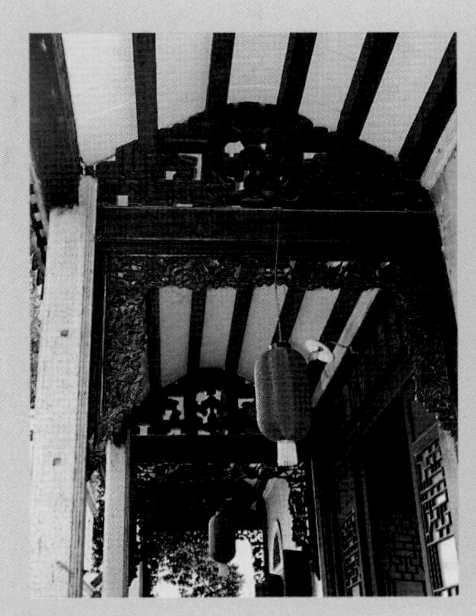
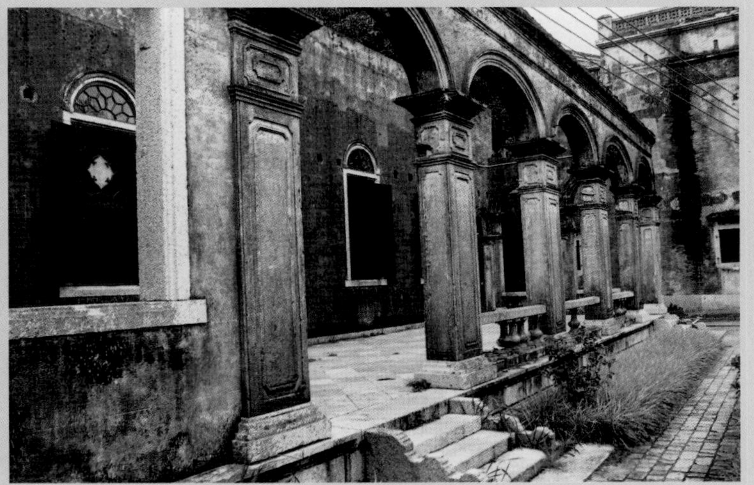

◆ 陳芳故居的建築有典型的中國樑柱斗拱、嶺南的木雕花罩，也有西式的拱券柱廊結構。

替、石樑、石斗拱、石台階和石欄杆等的裝飾。而壁畫則常常用在正門牆壁或內牆的上部、頂部。

在僑鄉的中西合璧建築中，木雕、石雕和壁畫的題材非常廣泛，有中國傳統的小說、戲曲、神話的題材；有嶺南的奇花異草、稀果奇珍；還有文人的山水園庭畫、蟲魚花鳥畫及書法藝術等等。無論是鼎鼎大名的或寂寂無聞的；中國上層精英文化的或下層大眾文化的；儒家、道家、佛家的；正統的或非正統文化意念的，一概都可以利用，都可以在這裏找到它的代表。

在嶺南僑鄉的中西合璧建築中，有部分採用園林式的佈局。這部分建築非常明顯既保留了嶺南私家園林的特色，又加進了西方建築的新元素。

嶺南的私家園林興起於明代後期。廣東明清四大名園：佛山的梁園、順德的清暉園、番禺的餘蔭山房和東莞的可園就是著名的代表作。廣東僑鄉園林式的中西建築，繼承了嶺南園林以小見大、精巧玲瓏、花石取勝的特色，並吸收了外國園林的若干

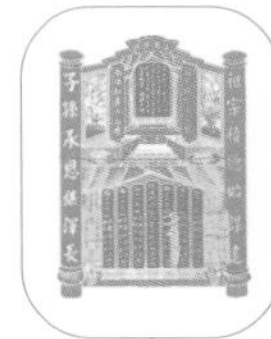

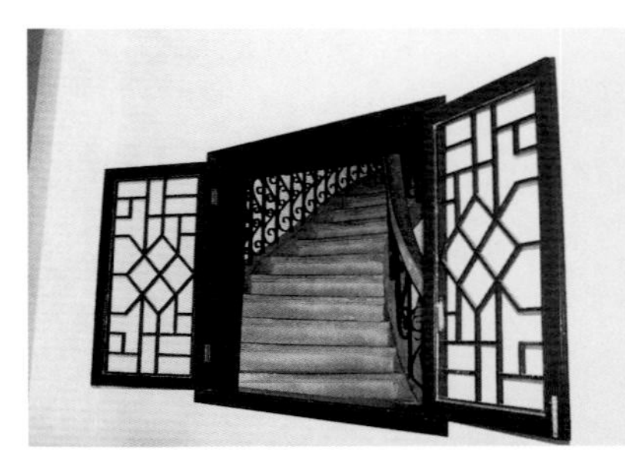
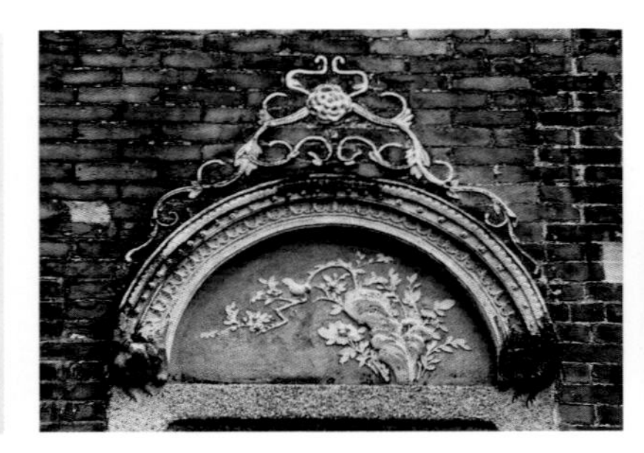
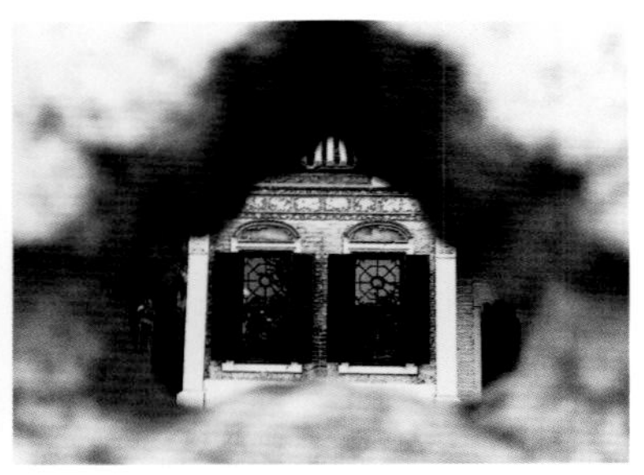

◆ 不同風格的窗戶裝飾，充分體現了陳芳故居建造者採用中西文化溶合的裝飾取向。

因素，使私家園林建築呈現出自己的獨特風格。明清的廣東私家園林已有中國三大園林之一的美譽，而僑鄉中西合璧建築中的園林建築，更堪稱是私人園林建築的奇葩。如開平的立園，既有中式牌坊、石山水榭，小橋流水、又有西方拜占廷式的"鳥巢"和記功柱式的"打虎鞭"，中西並存，溶於一體。

騎樓洋房建築雖然並非僑鄉獨有，但它是嶺南近代建築在中西文化溶合的基礎上產生的一種建築模式，而且在僑鄉的墟鎮採用得非常普遍，我們自然應該把它作為僑鄉中西合璧建築的一種類型，從文化傳承和中西文化溶合的角度分析它形成的因素和原因。

騎樓，從功能上分析，它提供行人使用的券廊部分，既能防猛烈太陽的直接照射，又能避雨，十分適合廣東的自然氣候，尤其適合作為城鎮的商舖建築的底層。民國初年，廣東掀起拆城牆建馬路的熱潮，騎樓洋房開始出現。僑鄉的中西合璧建築亦受到這股潮流的影響，在墟鎮的建築中出現大量的騎樓洋房。

一些研究嶺南建築的學者認為，騎樓洋房是西

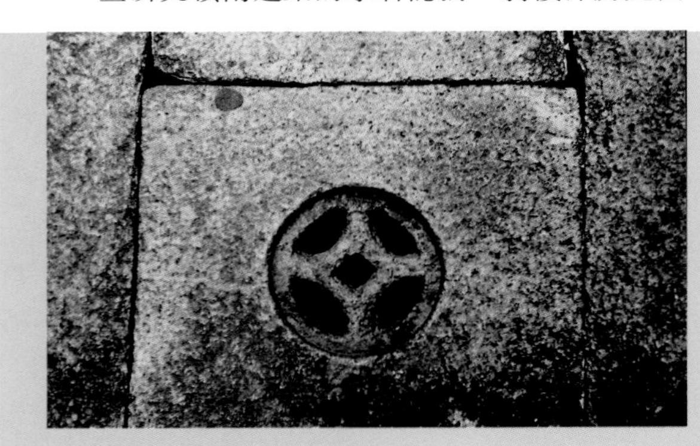

▲ 陳芳故居內金錢形的地下去水孔。

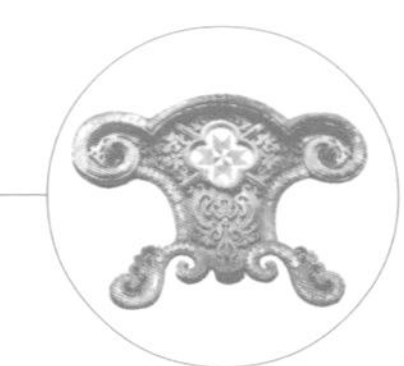

方券廊和柱式的建築方式與嶺南古代杆欄式建築上實下虛結合的結果。這種說法有一定的道理。（陳澤泓　1999：119；梁曉紅　1994：7）

由於騎樓洋房興起的年代與僑鄉建房熱潮是同一歷史年代的產物，所以在二十世紀二十至三十年代迅速成為僑鄉墟鎮的典型建築。今天我們仍然可以在僑鄉大量見到它的存在，可惜懂得有計劃保存的卻不多，不少已經被人遺棄了相當長的一段時間，並面臨被完全清拆的命運。其實，廣東僑鄉的騎樓洋房建築是中國近代農村城鎮和商業活動興起的重要標誌。它的歷史內涵，與江南明清市鎮，如周莊等的中式傳統店舖和青石路是有相似之處的，只是時代有先後之分罷了。

5．僑鄉中西合璧建築的歷史價值

僑鄉中西合璧建築的歷史價值，首先在於它為中國鄉鎮建築引進了西方和域外的新元素。

中國農村的傳統建築，尤其是民居，在利用自然條件方面毫無疑問有它非常合理的佈局和形態，也有自己的風格和個性。但是我們應該看到，這是在漫長的封建時代形成的東西，只能說它是適合過往歷史年代的社會生活形態，即所謂一家一戶、男耕女織的小農社會的需要。

當然，在中國農村也有些頗具建築規模和特色的傳統建築，但這部分建築就其形態來說，基本上是古代城市達官貴人建築的翻版，是屬中國傳統建築的那一部分。僑鄉中西合璧建築把西方和域外建築的新元素帶到農村，促使中國基層社會文化產生某種變動，這種影響應該說是具有劃時代意義的。雖然，我們絕對不可以誇大僑鄉中西合璧建築出現對中國建築歷史發展的影響，但從對中國農村長期封閉的衝擊，就其在社會文化上的影響來看，是不可以低估的。

中國從古代封建社會向近代轉變，無疑應該包括基層社會的轉變過程。但正如我們在上文已經指出的，研究中國近代社會歷史的學者對中國基層社會歷史轉變的研究卻是不夠充分的。我們認為，若要了解中國社會轉變的歷史過程，那麼了解嶺南農村的近代變化將是不可缺的一環。只有深入研究這方面的歷史，才能明白嶺南對中國近代歷史發展的重要作用，甚至可以說，才能明白嶺南在現今中國改革開放中的作用。嶺南在中國近代歷史中積累了很多發展現代社會的因素，僑鄉是其典型的代表，而僑鄉的中西合璧建築，就是其中充滿着現代啟迪意義的元素。

僑鄉中西合璧建築的出現，突破了中國農村建築不重視建築藍圖的習慣。那些國外或香港等地的建築師設計的藍圖，對中國農村建築業的發展，無

疑有示範的作用。

此外，據我們實地調查，僑鄉中西合璧建築的實際使用率並不高，有部分甚至是建成後長期空置。原因主要是二次大戰後，不少僑眷紛紛出國，房子多由親戚鄉里託管，而這些親戚後來也出國了，房子遂成空置。但是，僑鄉中西合璧建築的文化意義是深遠的。

中西合璧建築在十九、二十世紀的中國農村，

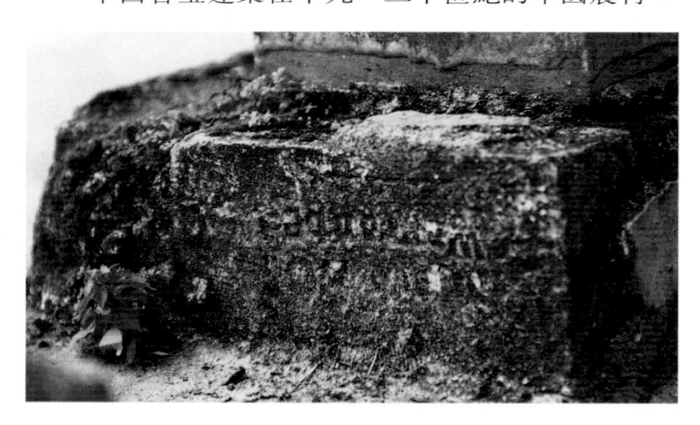

▲ 這塊刻有英文字的磚，證明了陳芳故居部分建築材料直接來自外國。

是一種新的文化符號，它為僑鄉帶來特殊的文化景觀。這種文化景觀不僅加深了海外華人對家鄉的記憶，而且為僑鄉海外移民的延續帶來一定的影響。僑鄉中西合璧建築的堂皇、別致，在鄉間建築中鶴立雞群，成為許多年輕鄉人羨慕的東西，從而變成一種刺激或誘惑移民海外的因素。從某種角度看，當年的僑鄉中西合璧建築，實際上變成了促成新一代海外移民的催化劑。

僑鄉中西合璧建築這種新的文化符號，雖然是海外華人回歸心態的產物，但它所包含的文化內涵卻遠遠超出回歸的意義。

中西合璧建築大多數採用折衷主義的手法，把不同歷史時期不同地方的建築風格，按照重新結合的原則，反映了海外華人對中國傳統文化存在一定的逆反心態。中國傳統文化以儒家作為主流文化的支柱，以中庸作為處事的準則，所以按照祖宗之法，照大多數人的路子走是最穩妥的原則。在建築文化上的表現就是千篇一律的三、四合院式樣的木結構房子。有錢的用青磚蓋，沒錢的用泥磚或泥、沙、石灰混合的土夯牆建造。但中西合璧建築所表現出來的文化卻體現了追求個性突出的原則。所以僑鄉中西合璧建築無論在整體設計意念、建築原料的運用以至裝飾，都開始脫離中國傳統建築而具自己的獨特風格。這種重組配合的建築原則，尤其是中西文化結合的意念，在中國近代建築藝術發展史上，應佔有一席之位。

的確，僑鄉中西合璧建築為我們研究海外華人、近代中外文化交流、中國南方農村的近代轉變，提供了大量的歷史資料。同時，在中國近代建築史方面，亦有其特殊的研究價值，應該把它視為近代嶺南文化中的一種寶貴財富。

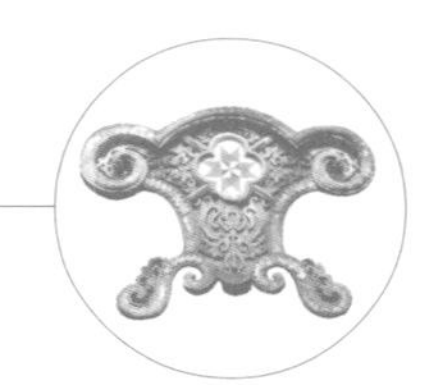

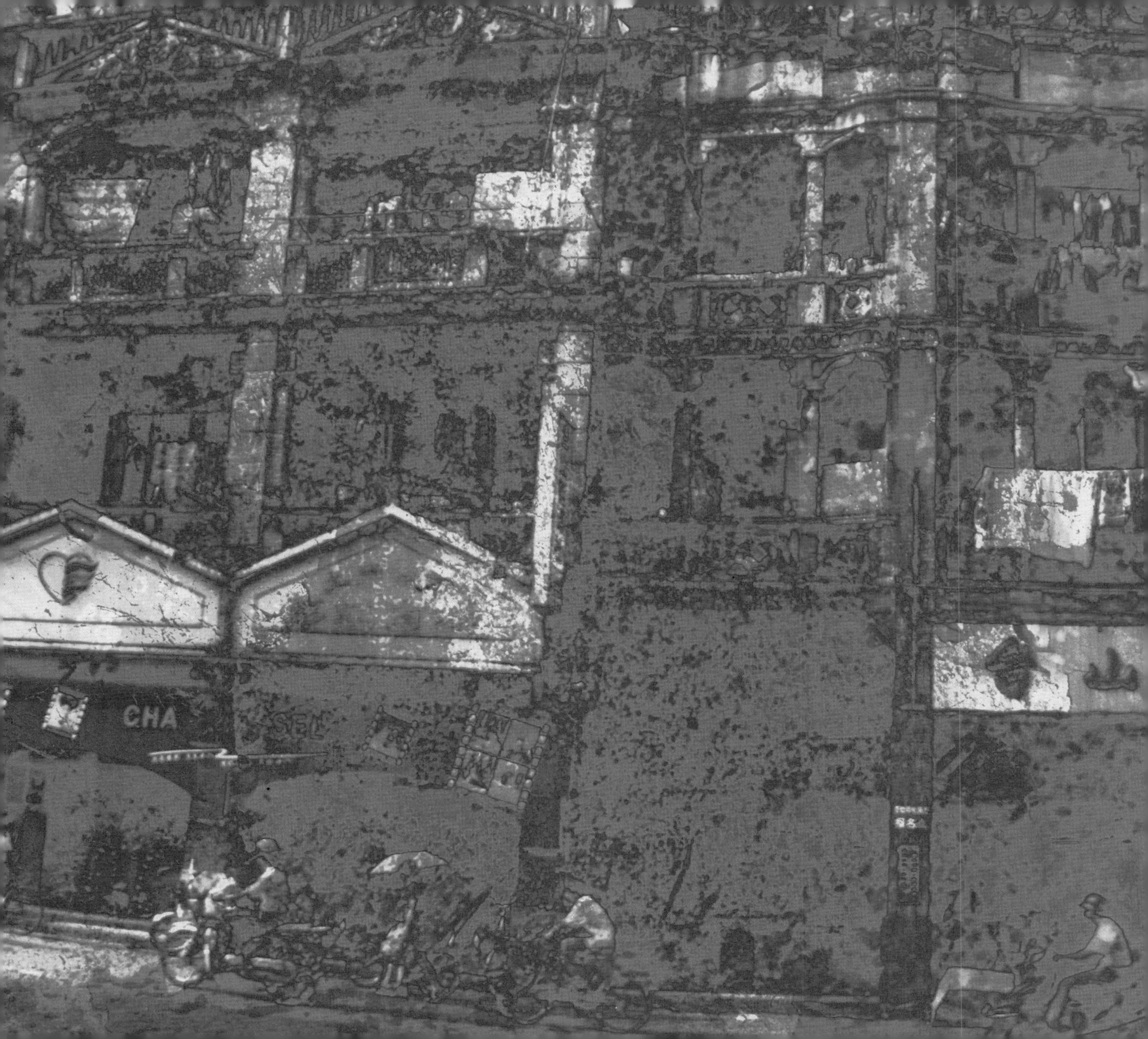
CHA

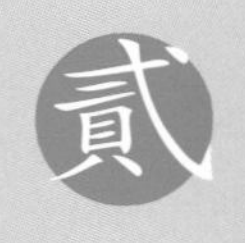

廣東僑鄉中西合璧建築分類圖集

一·中西合璧建築群

廣東僑鄉的中西合璧建築群是指那些具中西風格的建築物，它們並非單獨存在，而是三五成群集中在一起，與傳統的房子形成明顯的對比；或是左右整齊排列，形成一條街道。

這些中西合璧建築群，既有分佈在村落，也有分佈在墟鎮、城市。一般而言，村落裏的中西合璧建築群是民居。建築群的主人大都有親屬關係。他們雖然不一定是同時建造，但由於建造者多為同一批人，時間相去不遠，所以風格比較接近。

如開平市赤坎鎮護龍村永安里，現存的十五座中西合璧的洋房，都是1932-1941年之間建成，承建者是鄧合隆和鄧合重兩人。這批三層的中西合璧的洋房，既保留了當地傳統的建築風格，如採用廣東典型的“趟櫳門”，用中軸對稱的方式佈局，甚至樓梯也是左右對稱，各有一道。正面建有一露天小院庭，其中多設花壇、擺設中式盆栽，也設有天官神位和拜台。與此同時，又突破當地傳統民居佔地102平方米、建造三間兩廳的傳統慣例，把面積擴大到171平方米，使廳堂增大、房間數量增加，並大量採用西方的建造方式和裝飾：陽台寬大，正面西式裝飾和頂部寬大的平台等。在建築材料方面，既有開平本地岡樓出品的青磚，又有從荷蘭進

口的水泥（俗稱 “紅毛泥”）和德國進口的鋼材。（實地調查資料）

永安村的中西合璧的建築群，不僅有通風、透光、土地利用率高的優點，而且在視角上還形成特別的雄偉的景觀。如同其他農村僑鄉的中西合璧建築群一樣，它的數量和外觀，成為衡量該村海外華人多少和富裕程度的指標。

僑鄉墟鎮、城市的中西合璧建築群一般坐落在商業繁盛的街道上，是一些毗鄰相接騎樓型的中西合璧建築。從使用的功能上看，它是中國傳統商店——前店後居的一種新發展。騎樓適應嶺南的多雨和夏天多颱風的天氣。這種建築無論對經營者和顧客來說，都有很多方便之處。尤其是它採用多層的建築，解決了同一幢房子既有商鋪，又有倉庫和居住地的多種功能的要求。

騎樓型的中西合璧建築，在外觀，尤其是正面的山花、陽台、窗戶，大量運用西方建築的柱廊結構以及不同歷史時代、不同流派的裝飾手法，使每幢騎樓洋房都有自己的獨特風格。雖然，這些裝飾從藝術創作的原則來看，算不上是精品，但若從模仿工藝方面看，亦堪稱是上乘之作。我們甚至可以說，僑鄉騎樓洋房建築群的外觀，是中西合璧建築裝飾的博覽會。廣東一些著名的僑鄉，如台山、新會、江門、南海、番禺、順德、潮州、汕頭、梅州等，在舊的縣城都有若干騎樓型建築的街道，可惜的是有些地方政府並沒有重視這些具歷史價值的建築而隨便拆去，使人感到十分遺憾。

不過，從現存的僑鄉騎樓洋房建築群，我們仍然可以想像出二次大戰前的二、三十年代，廣東僑鄉商業經濟的繁榮狀態。一些十九世紀仍然寂寂無聞的鄉村，因為僑鄉的形成而變成熱鬧的墟鎮，如台山市的斗山和廣海鎮，在二十世紀的三十年代擁有一百到二百多間商舖；而台城則有“小廣州”之稱。（鄭德華、成露西　1991：89-95）

僑鄉中西合璧建築群是近現代嶺南文化一種具時代特色的文化景觀，不少海外華人和僑鄉的民眾把它們作為一種故鄉的標記。它無疑是非常值得珍惜的文化遺產。

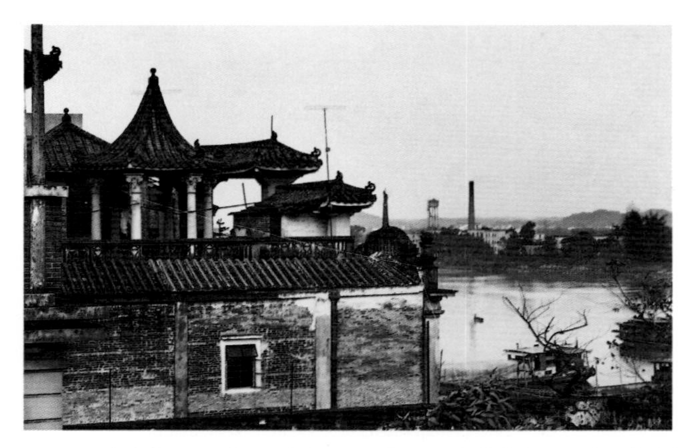

▲ 開平市赤坎西堤河畔中西合璧的建築群。在西式洋房的頂部平台，有涼亭等附加建築。圖中可見，這些涼亭有中式傳統的琉璃瓦四角尖頂形、歇山頂形；也有羅馬混合式的柱作支撐的式樣。

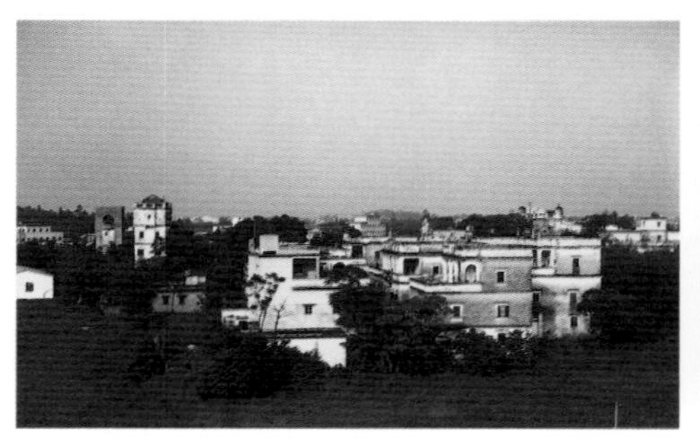

▲ 開平市塘口區中西合璧的民居，基本上是用海外華人的資金建成。

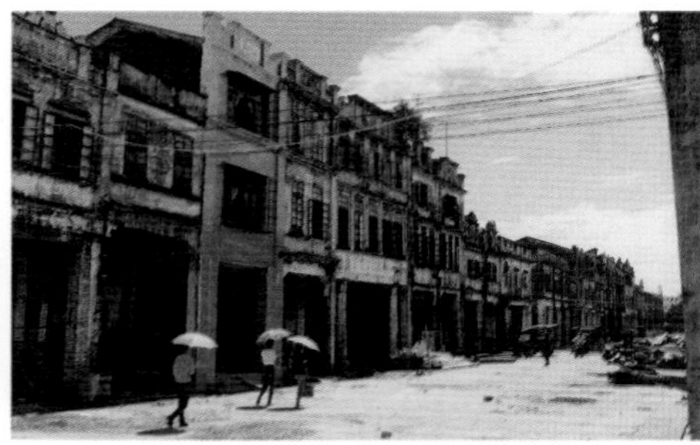

▲ 台山市斗山中西合璧的舊民居，大部分建於二十世紀三十年代。

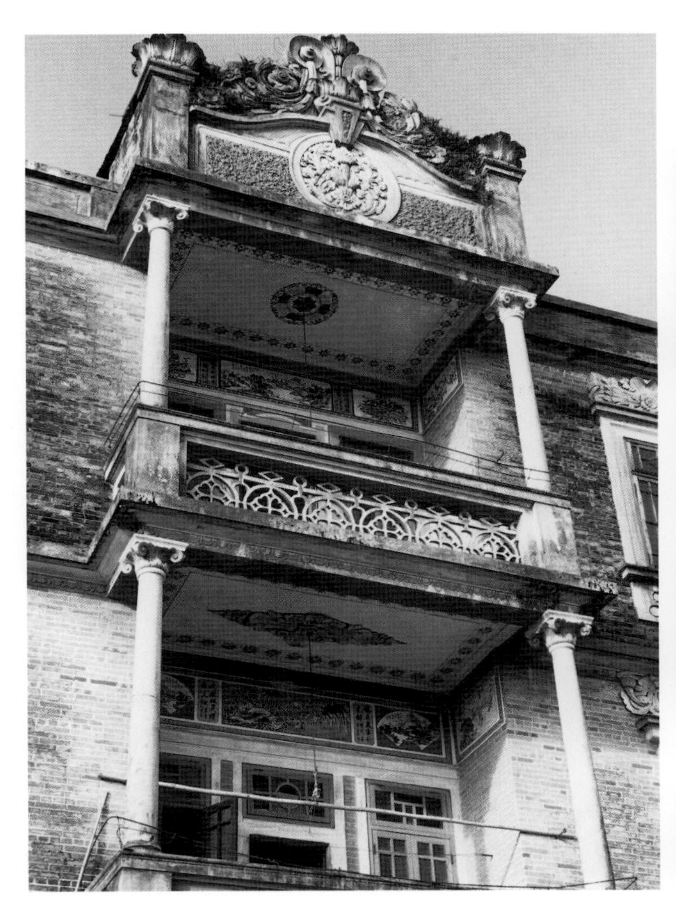

▲ 永安里中西合璧的民居陽台和正面山花細部。在大量利用西式建築元素的同時，牆上的壁畫採用的基本上是中國彩繪畫。

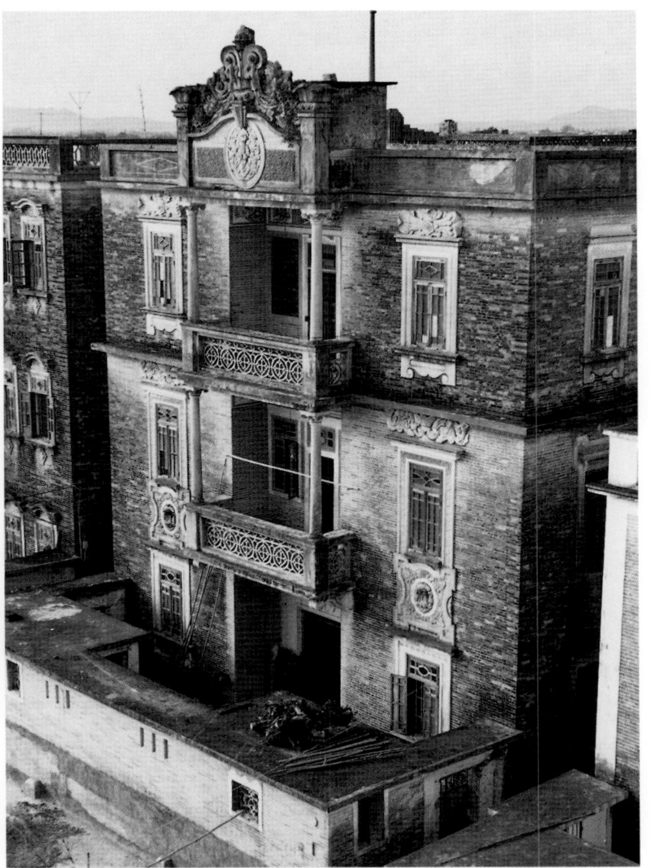

▲ 永安里中西合璧的民居是典型的僑鄉青磚洋房。正面窗台和騎樓的結構、裝飾都非常西化：西式圖案浮雕、羅馬式的大柱和頂部的山花，都明顯地表示了建造者對西方建築文化的追求。但底層附加的單層建築，卻又有中國傳統農村院落式建築影響的影子。

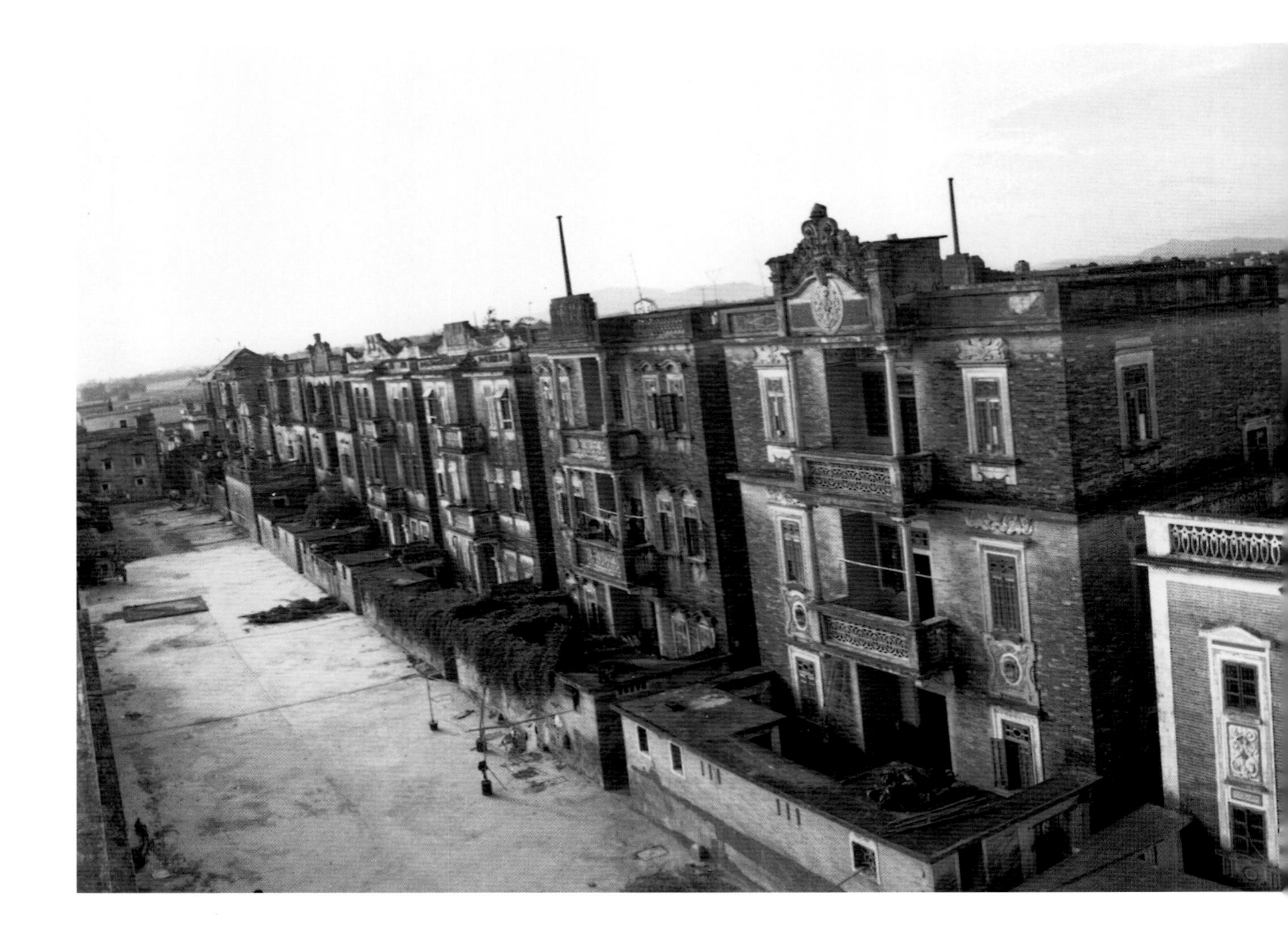

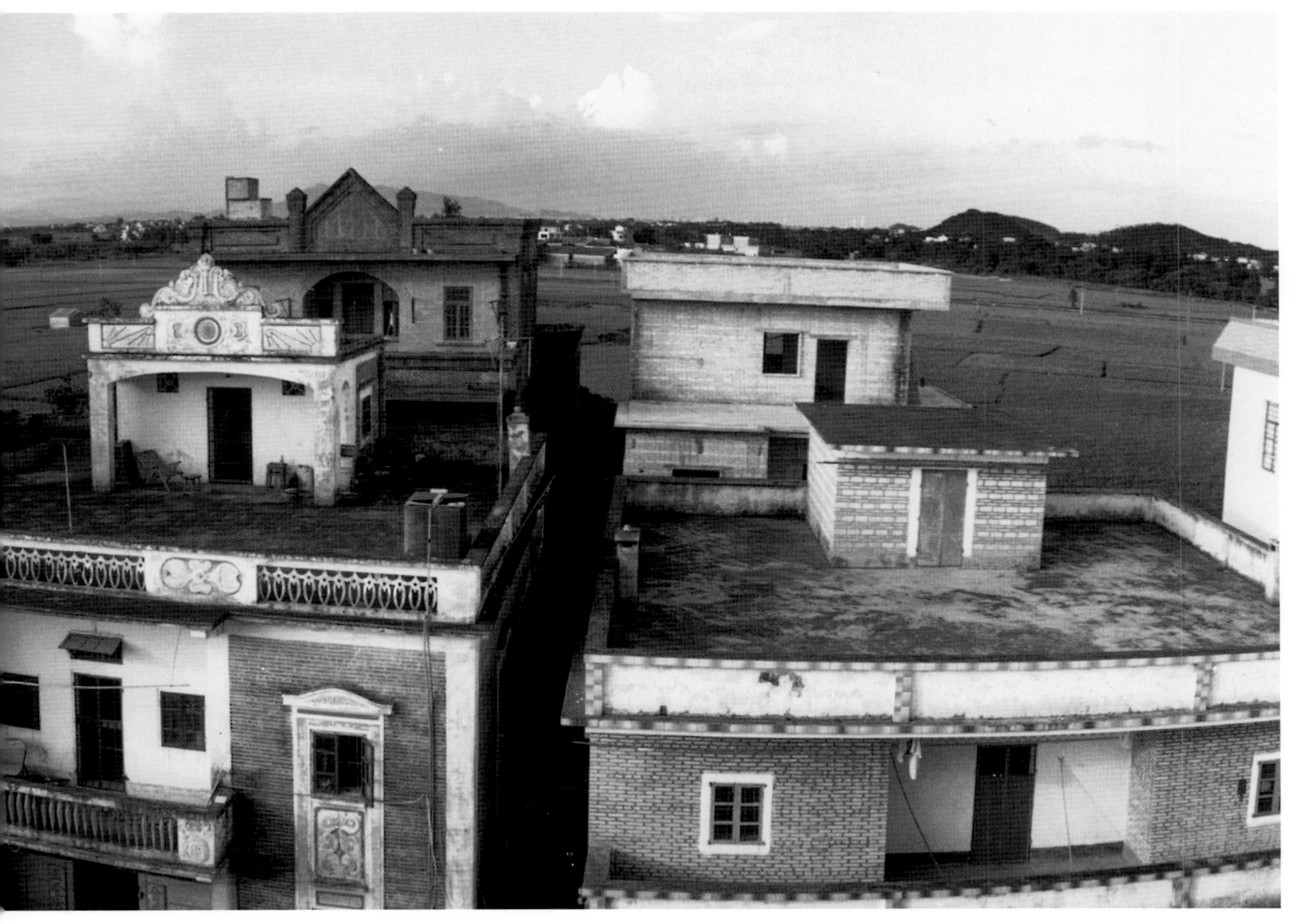

▲ 開平市赤坎護龍村永安里中西合璧的民居建築群。

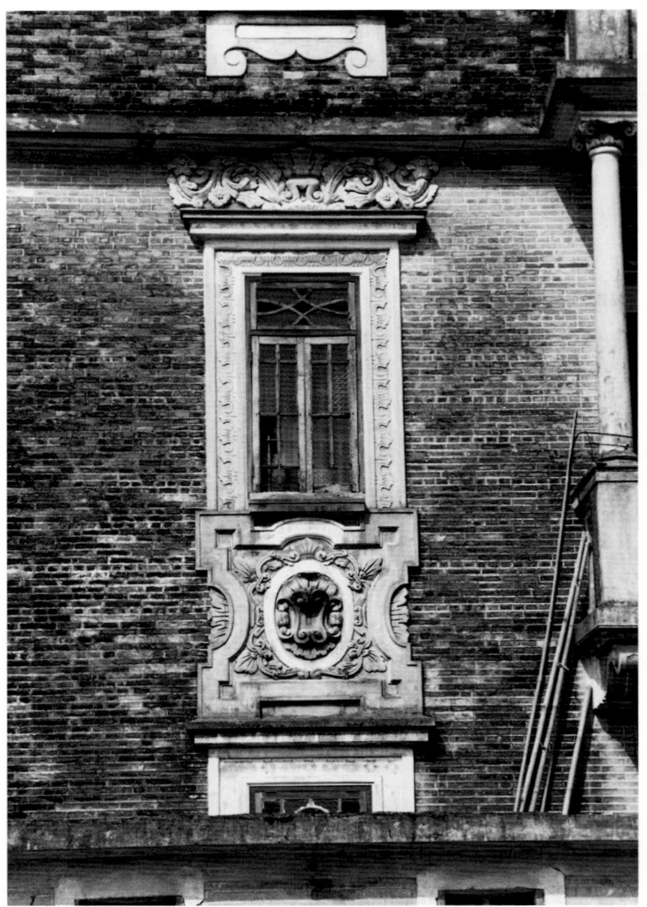

▲ 永安里中西合璧的民居窗戶裝飾細部。

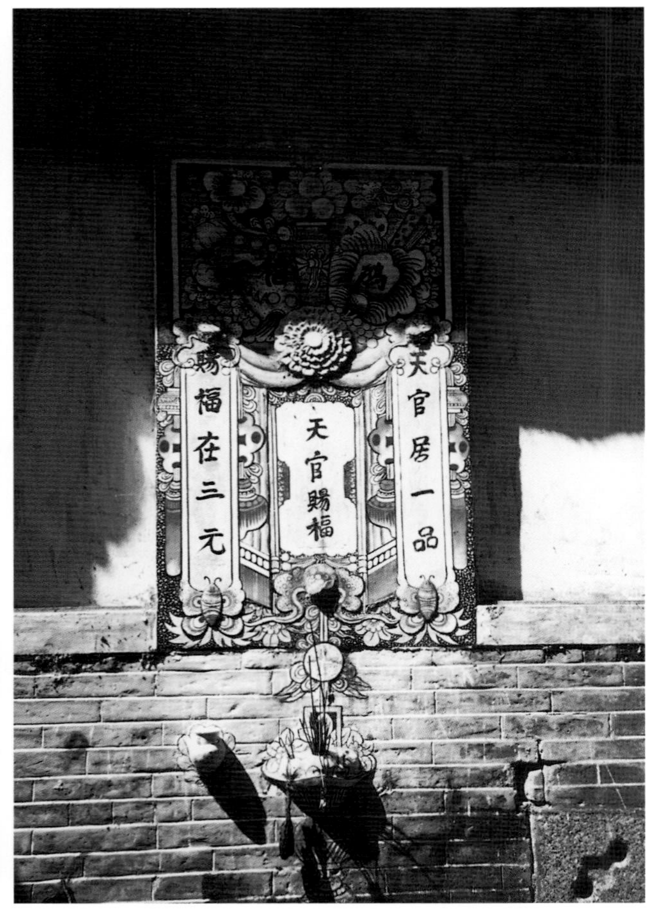

▲ 在永安里中西合璧民居的單層院落中，一般都有天官的神位。

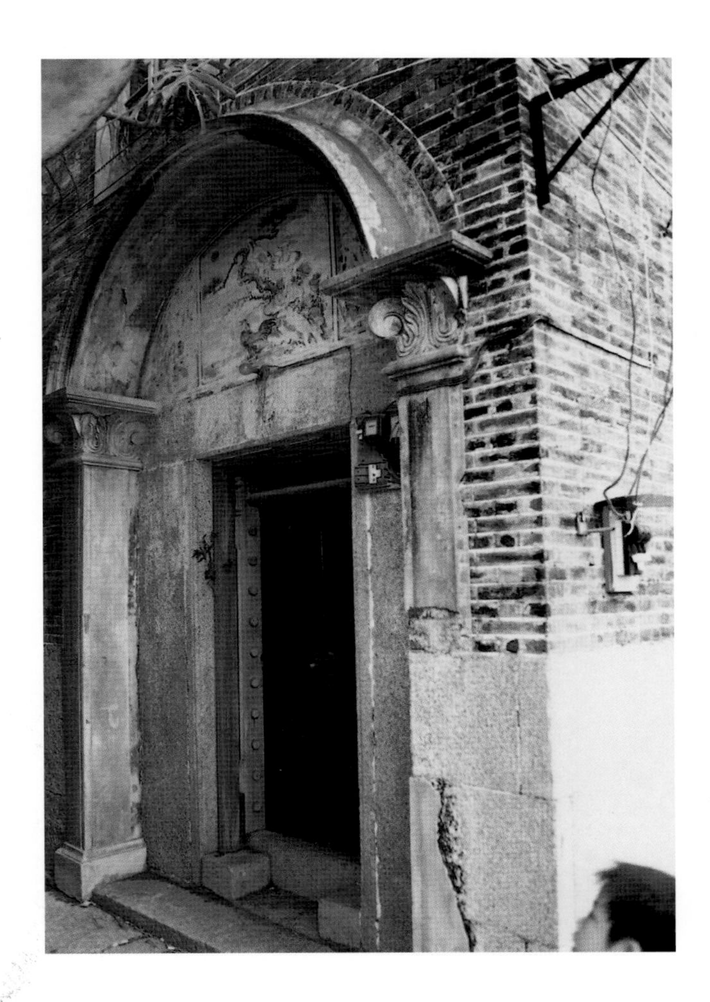

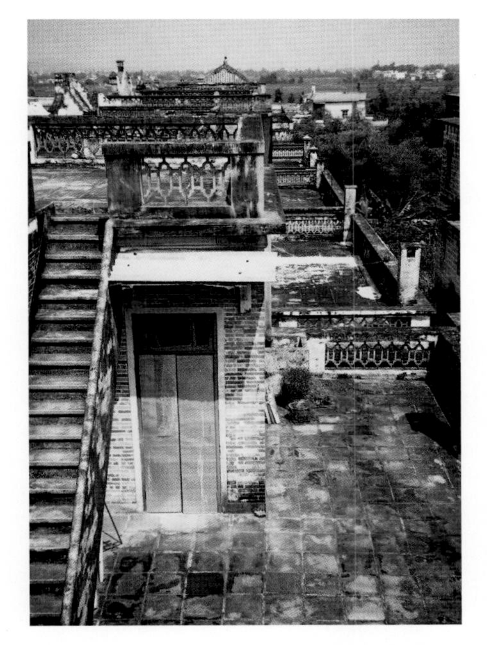

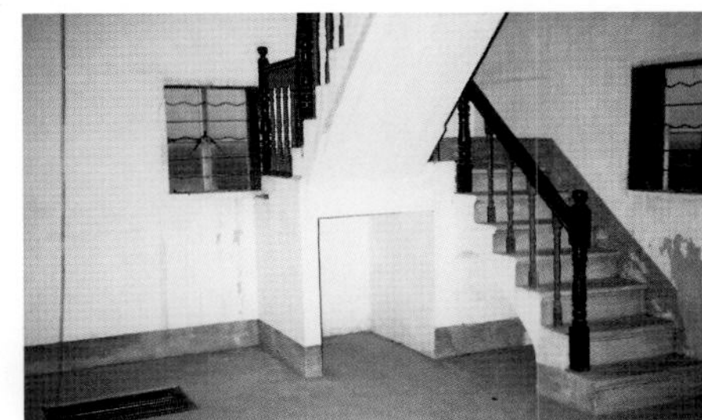

◆ 永安里中西合壁民居的室內結構和天台上的樓梯、欄杆式樣。

▲ 永安里中西合壁民居院落的門都在側面。傳統中式門的外圍加上一個西式的拱券柱結構，使人在進入樓房之前，就有一種不同文化結合的清新感覺。中國人對門的建築形態一向十分重視，一般從門的形制便可知主人的身份、地位和愛好。所以這種中西合壁的門的設計，從主導的觀念來看，仍然包含了中國傳統建築文化中“以門顯主”的成分。

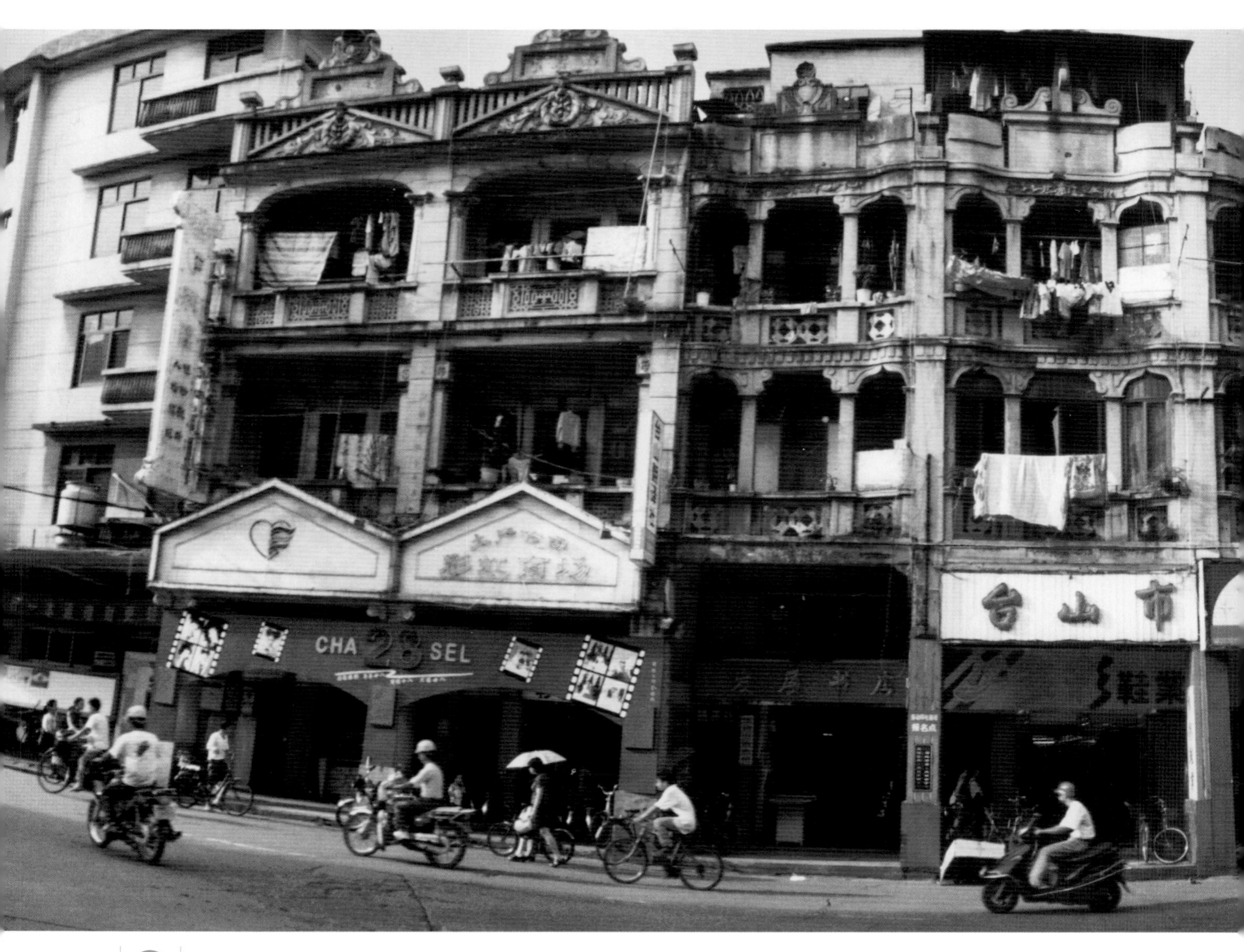
CHA 28 SEL
台山市

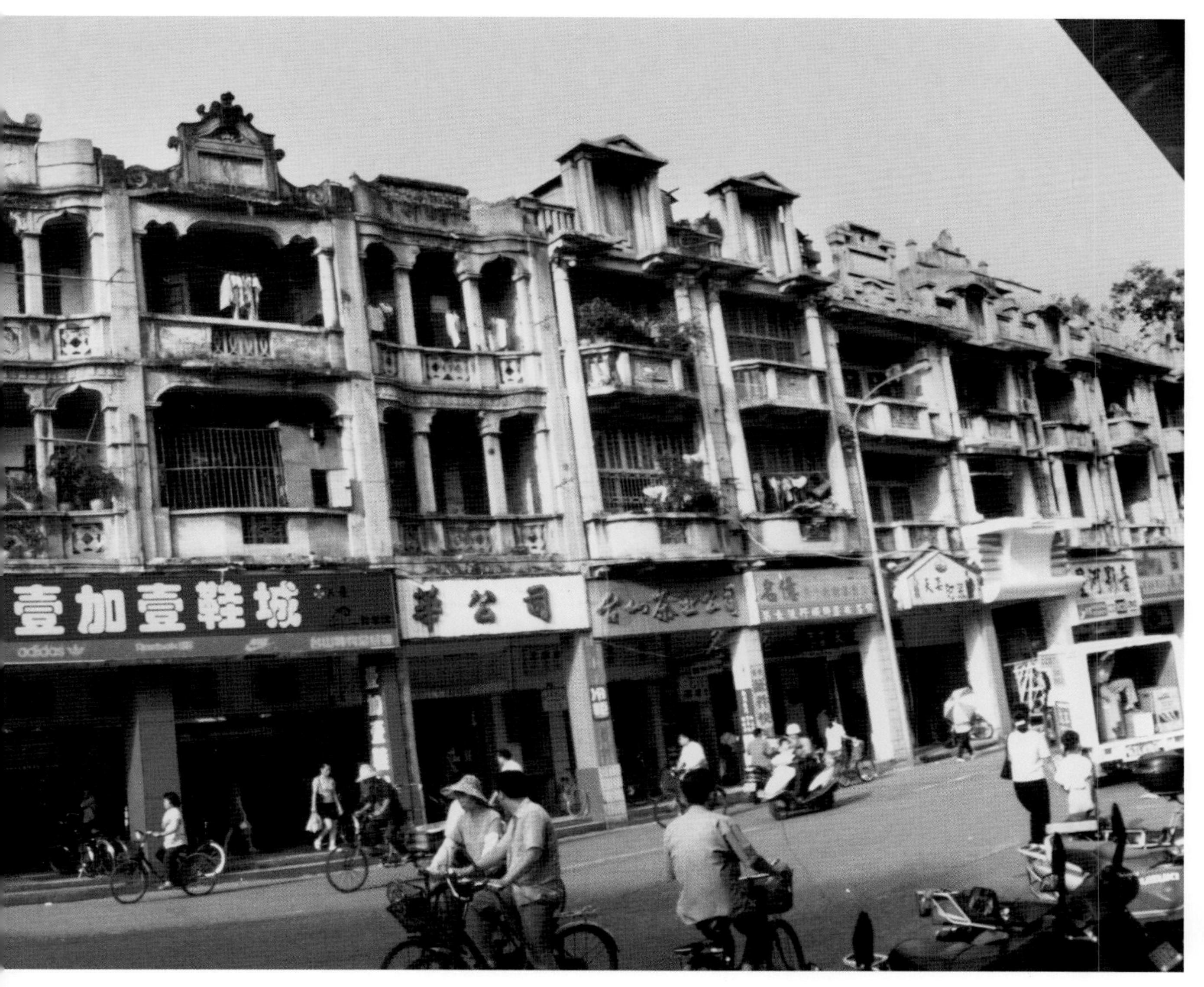

▲ 台山市台城鎮騎樓建築無論式樣和裝飾，都在廣東僑鄉中堪稱首屈一指。這些中西合璧風格的騎樓建築群，已被列為重點保護的歷史建築。

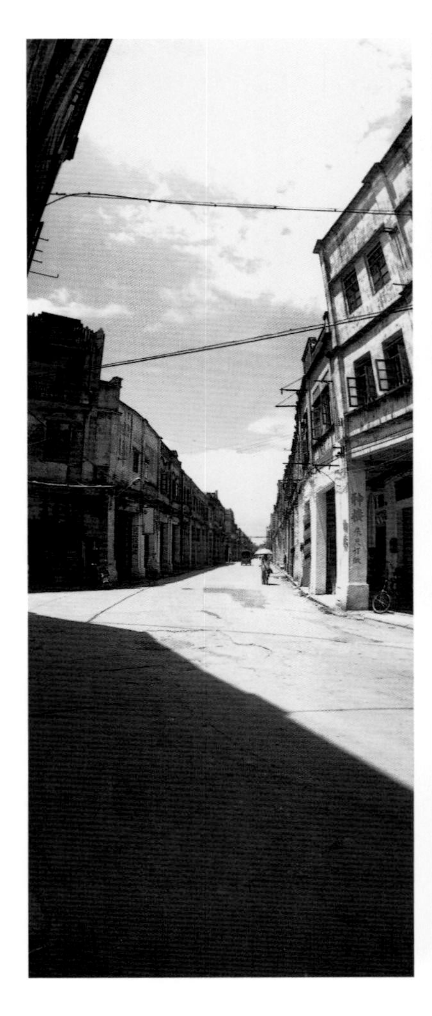

▲ 開平三埠的騎樓建築，也保留了僑鄉戰前商、住兩結合洋房的特色。

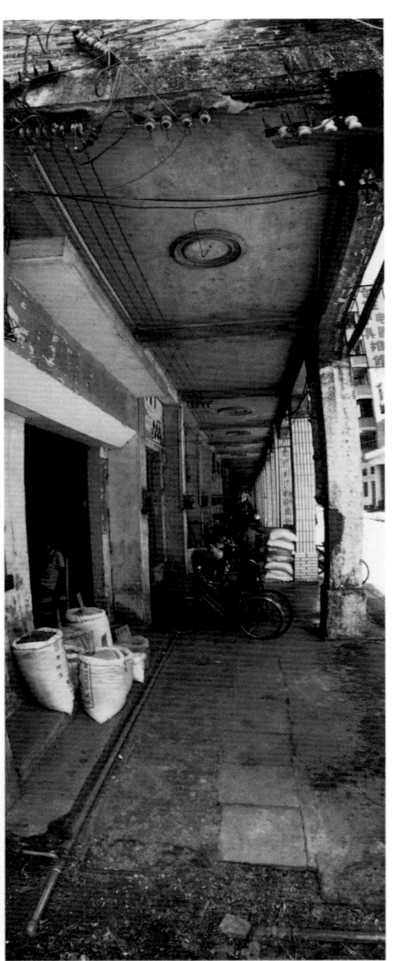

▲ 台山市斗山鎮舊騎樓洋房的柱廊部分，雖然帶着歲月侵蝕的痕跡，但仍可讓人想像出它當年的整體模樣。

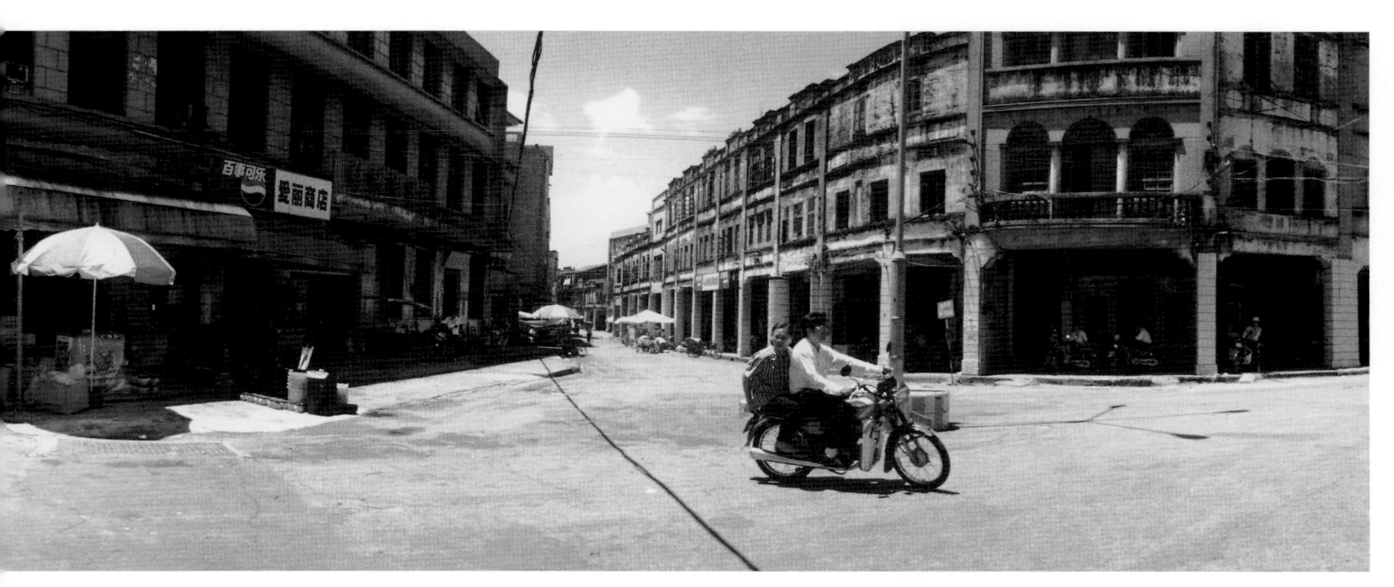

▲ 台山市斗山鎮，在二十世紀二十至三十年代，由於華僑資本興建的新寧鐵路通車，迅速由一個偏僻的村落變為一個興旺的市鎮。商鋪超過二百六十間，大量的騎樓洋房出現。從現在留下的舊騎樓建築，仍可想像當年這裏商業的繁榮。

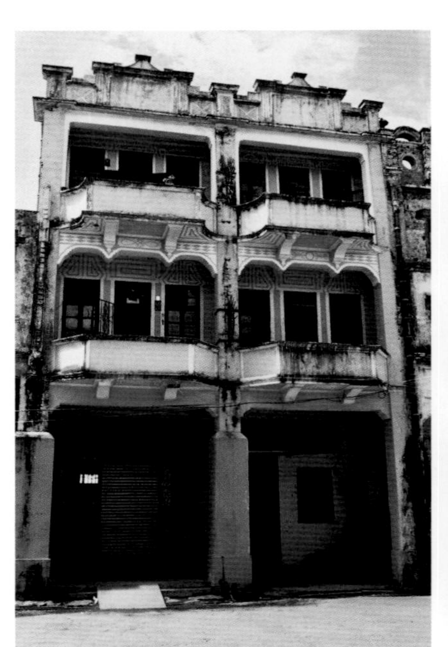

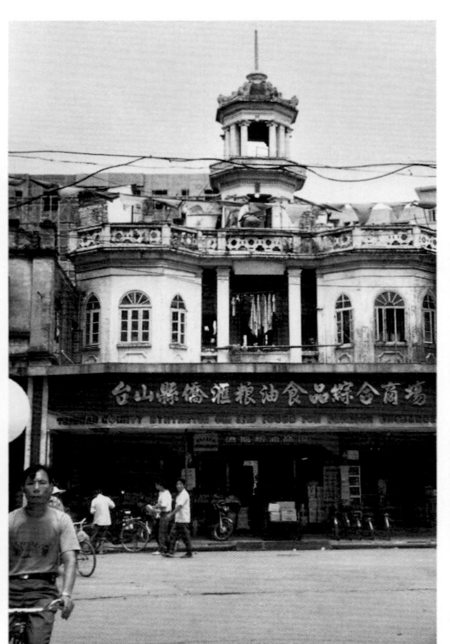

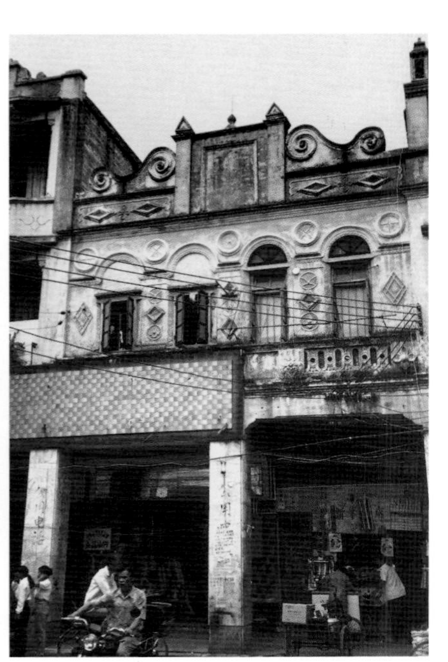

◆ 台山市台城鎮不同風格的騎樓洋房。

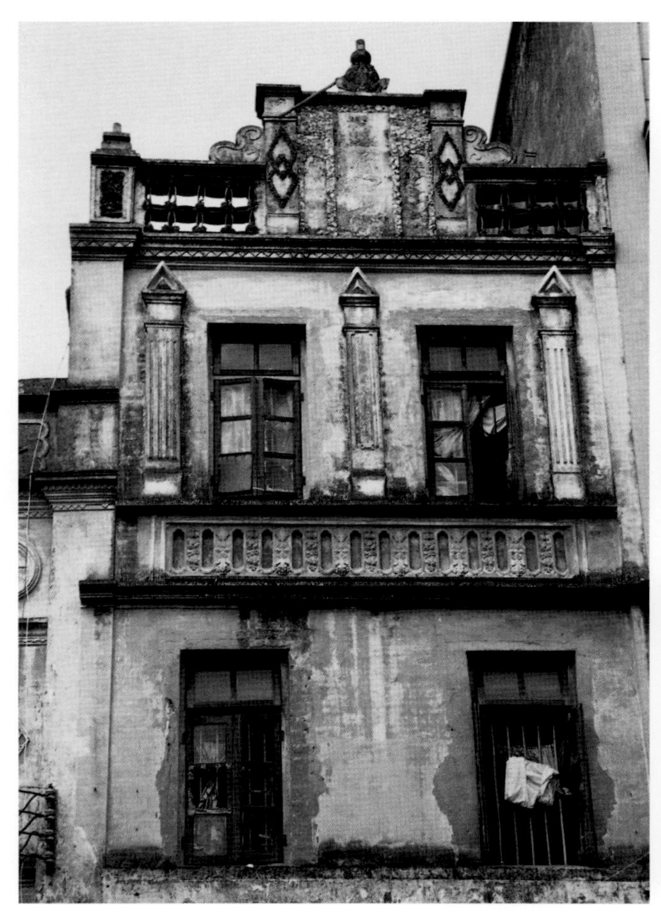

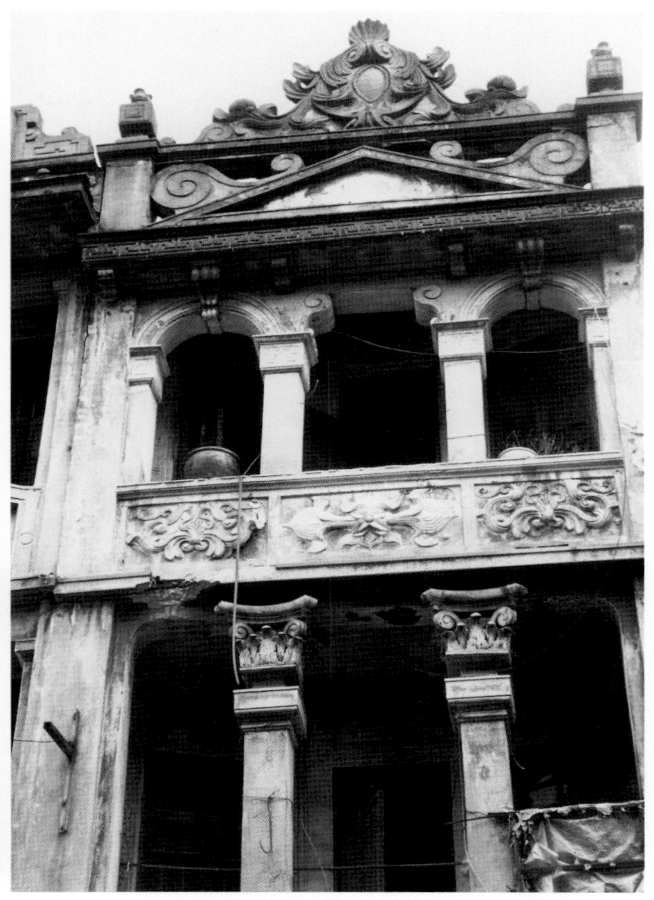

◆ 台山騎樓洋房一般為三層的建築。可分為有陽台和沒有陽台兩大類。

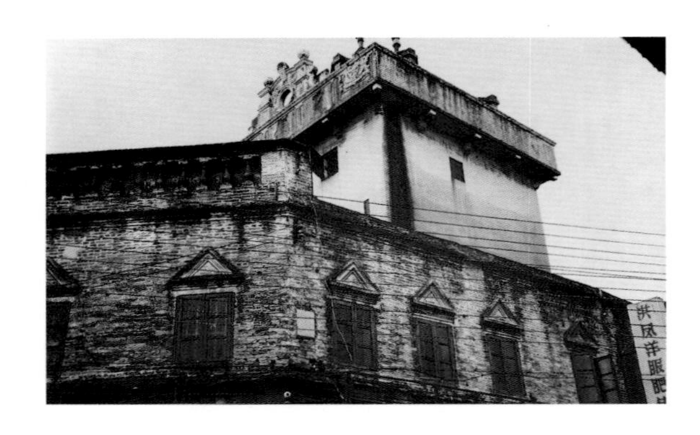

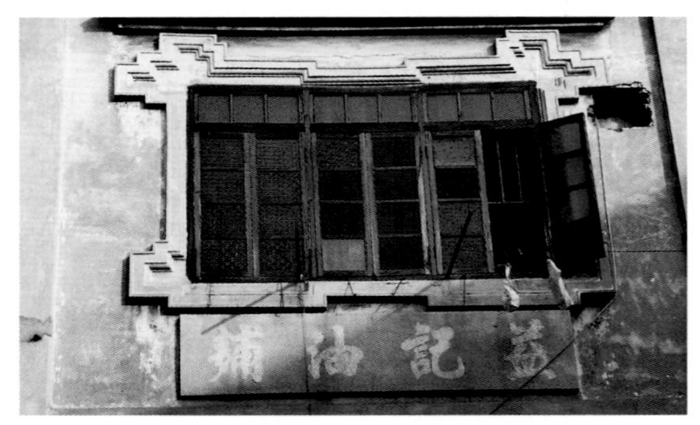

◆ 台山騎樓洋房窗戶的設計各適其式。這些西式的圖案式樣，往往成為正面立面的重要裝飾部分。

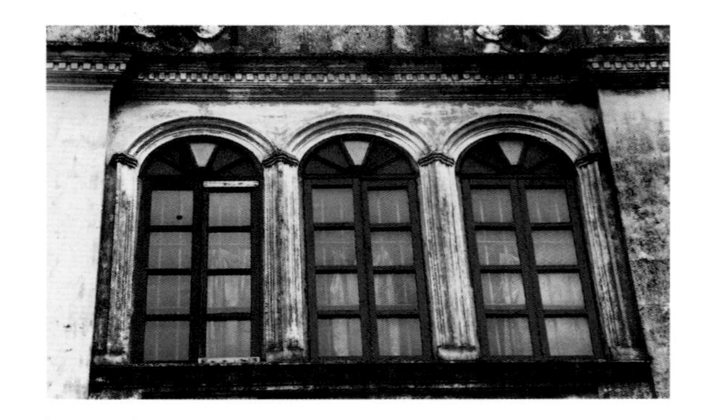

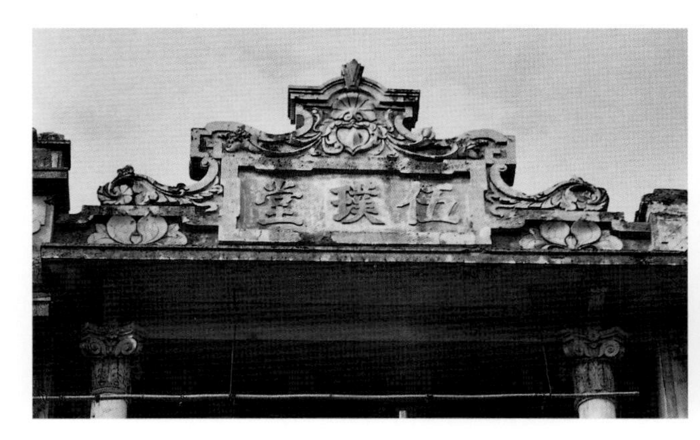

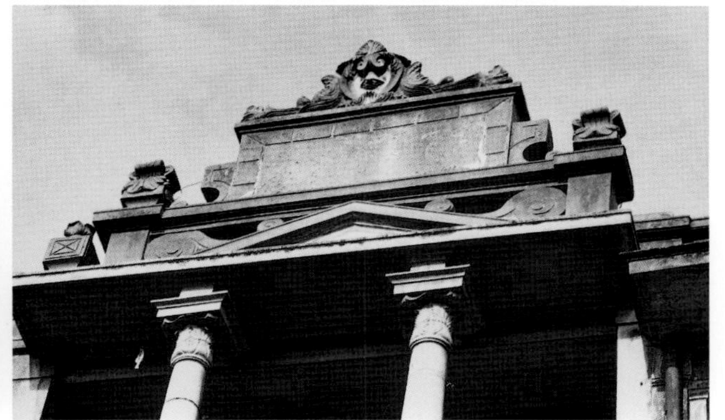

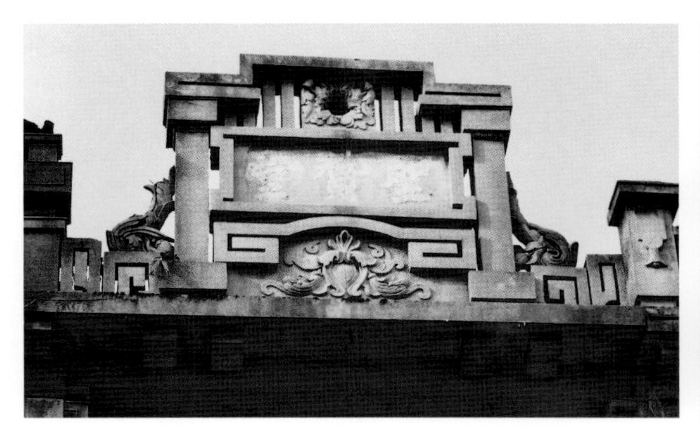

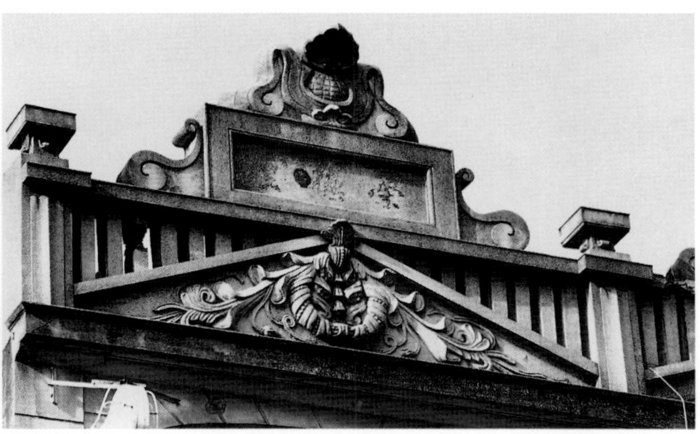

◆ 台山騎樓洋房的山花全部都是獨特的設計，沒有雷同的式樣。精細的西式圖案和塑件，配上考究的浮雕，使這些山花成為騎樓洋房裝飾的核心部分。而大樓的題名，安排在山花的中央，從右至左，按中國牌匾傳統的風格，呈長方形狀。這些山花以西式花紋、圖案為裝飾，以突出中式樓名牌匾為實用，可算是中西合璧的佳作。

二·園林式中西合璧建築

僑鄉園林式的中西合璧建築，是非常典型的中國園林和西方庭院建築結合的產物。它們是一些較為富裕的海外華人所營造的建築。在僑鄉中西合璧建築中，是最具特色的部分，但在數量上卻是少數。

廣東傳統園林建築在明清已經相當成熟。一些辭官歸故里的文人雅士、達官貴人，本地的名門望族，以及富商豪紳，紛紛在各處選址營造園林式的家宅。僑鄉園林建築就是在這種社會傳統的背景下出現的。但海外華人的經歷和文化品味與上述建造園林的人士有明顯的區別，他們所受的西方或外域文化的影響使僑鄉的園林建築具有較強烈的中西文化溶合的特點。

開平的立園是廣東僑鄉典型的園林住宅。它位於唐口鎮北區二鄉，佔地約 11014 平方米，由美國華人謝維立興建於 1926 年，1936 年完成。園林分三大部分：別墅區、大花園區、小花園區。各區之間或用小運河，或用圍牆相隔，但又用小橋、露天迴廊相連，形成渾然一體，又各具特色的格局。（實地調查資料）

別墅區以六座洋房一座碉樓組成，其中以

"泮文"、"泮立"兩座為核心。別墅區的南門上有清末翰林院編修吳道鎔"立園"的題字，可見此實非一般尋常建築。（同上注）

大花園區在別墅區之西，兩者之間由運河邊的迴廊相連。大花園以大牌坊和"本立道生"的大牌樓為中軸線設計。東面是按風水理論建造的20多米高的"打虎鞭"，目的是化解對面虎山的煞氣(按：打虎鞭建築式樣仿效西方的記功柱，這種運用西方的模式破解東方之風水中不利的因素，也實屬一種中西合璧）；西面是中西合璧的塔式別墅"毓培"。花園的中部有幾何圖形的花圃、假石山和金魚池，還有通往園外的暗道。花園中最特別的是一座拜占廷式的建築，名曰"鳥巢"，相連的是如雀籠式的通花建築，底部是一個金魚池。（同上注）

小花園在運河的另一邊，與大花園和別墅區遙遙相對，是進入立園正門後首先來到的地方。園中有"玩水"、"觀瀾"和"挹翠"三涼亭，運河水環繞而過。在小花園和大花園、別墅區相連的橋上，建有別緻的"晚香亭"。小花園基本上是按中國傳統的亭園水榭的式樣設計。每個涼亭的正面對稱柱子上，都有傳統的中國對聯，充分表現了建造者對中國士大夫典雅文化的興趣。（同上注）

立園這個特別的中西合璧的園林建築，體現了僑鄉建築中以中國傳統建築結構和佈局為基調的建築意念。在這一類型的建築中，西方風格的元素成為重要的裝飾和豐富外觀的一種手段。

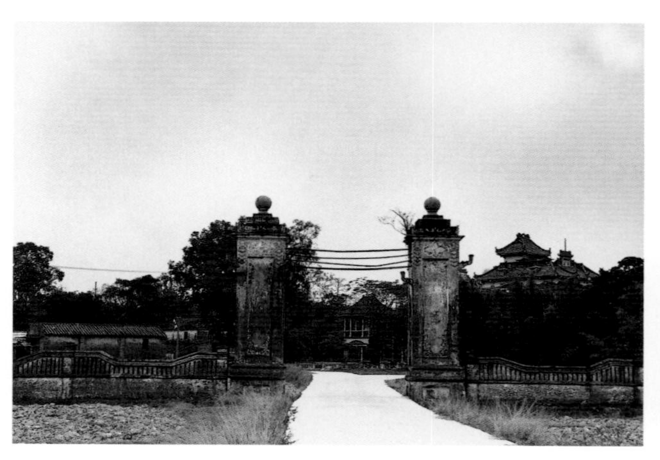

▲ 開平立園的正門。此照片攝於1995年。此時立園雖然仍未全面修葺，正門的大方柱和圍牆都明顯露出歲月侵蝕的痕跡，但掩映在樹叢中琉璃瓦頂的洋房仍然散發出它誘人的魅力。

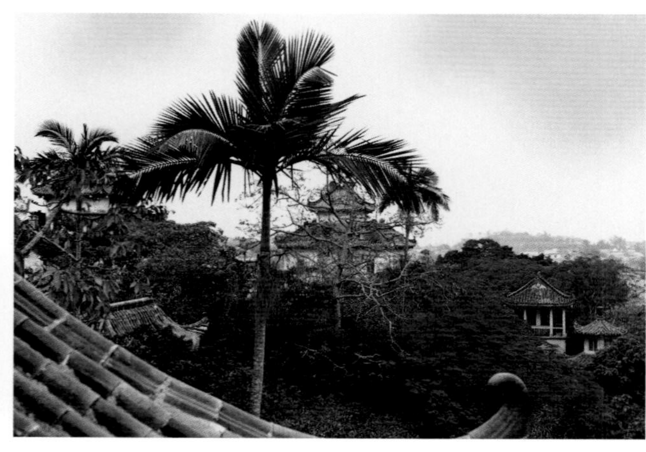

▲ 從西端的毓培別墅頂樓俯視立園，綠樹環抱，樓台高低有緻，園中美景，盡收眼底。

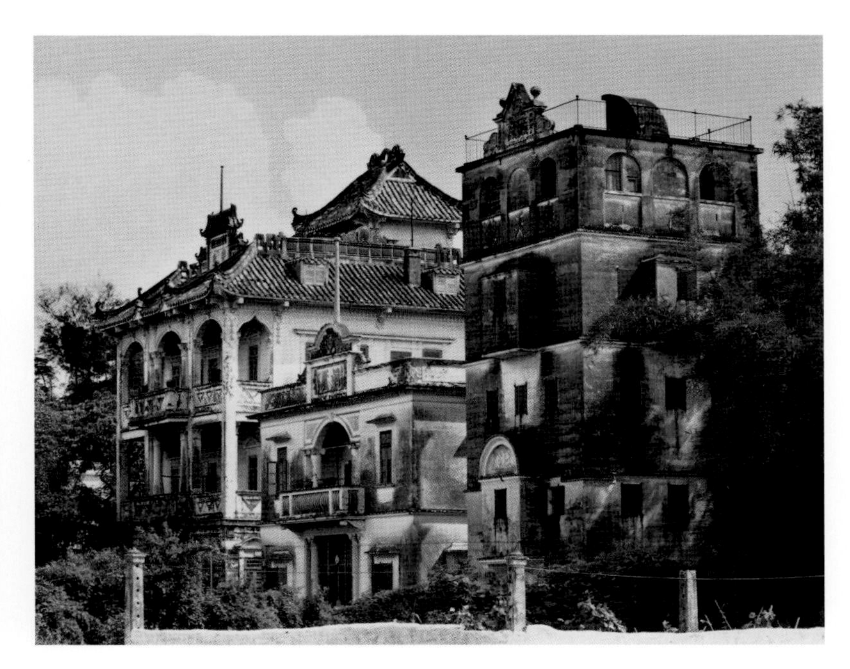

▲ 立園的別墅區一角。由左至右：立洋樓、炯廬樓和樂天樓（碉樓）。

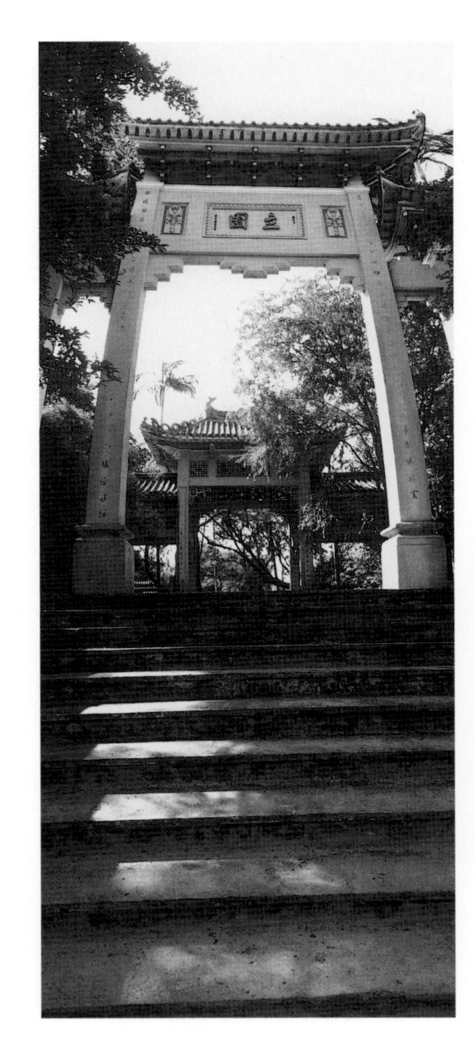

▲ 氣勢不凡的斗拱瓦頂門樓式石牌坊，兩邊是長對聯，中央有“立園”題辭。這是典型的中國園林題名牌坊。

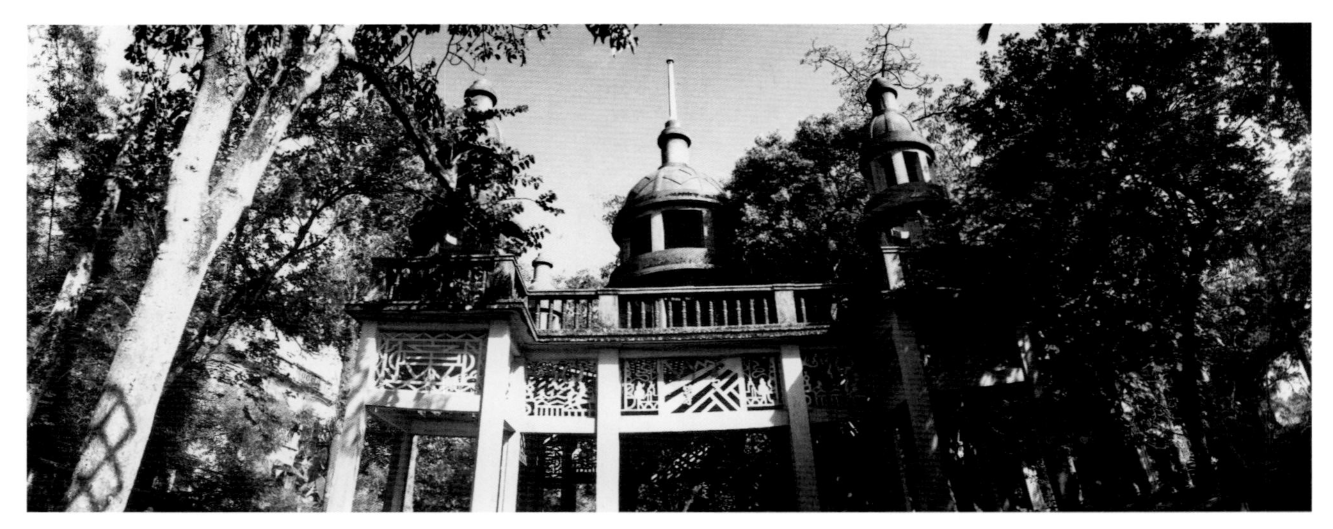

▲ 大花園中拜占廷式的建築“鳥巢”，是一座帶通花的鋼筋水泥西式亭園建築。裝飾圖案多為西式格調，但也有中式竹節形的欄杆。

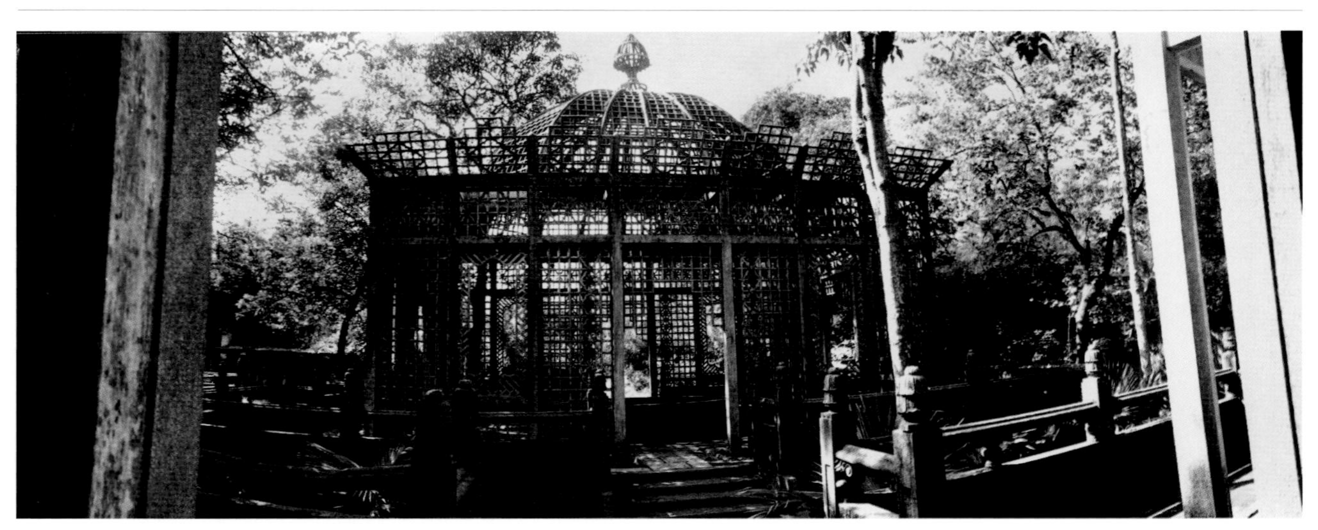

▲ 在“鳥巢”毗鄰的是一個通花的“雀籠”，也是一座鋼筋水泥的亭園建築。中央部分，是一個金魚池。

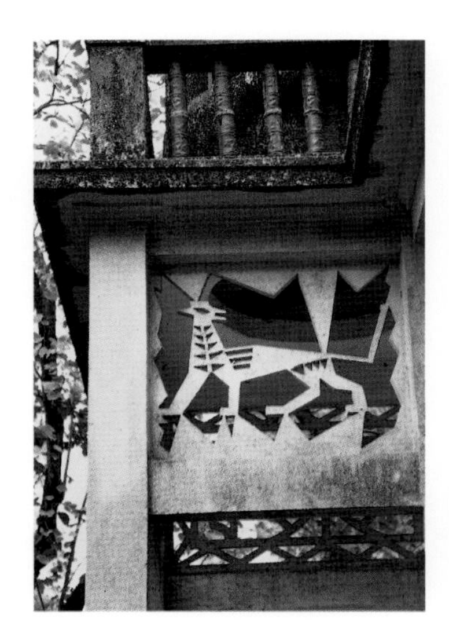

▲ "鳥巢"裝飾細部。以角形的圖案拼出"狗與山"的通花裝飾，新穎、別致，充滿動感。

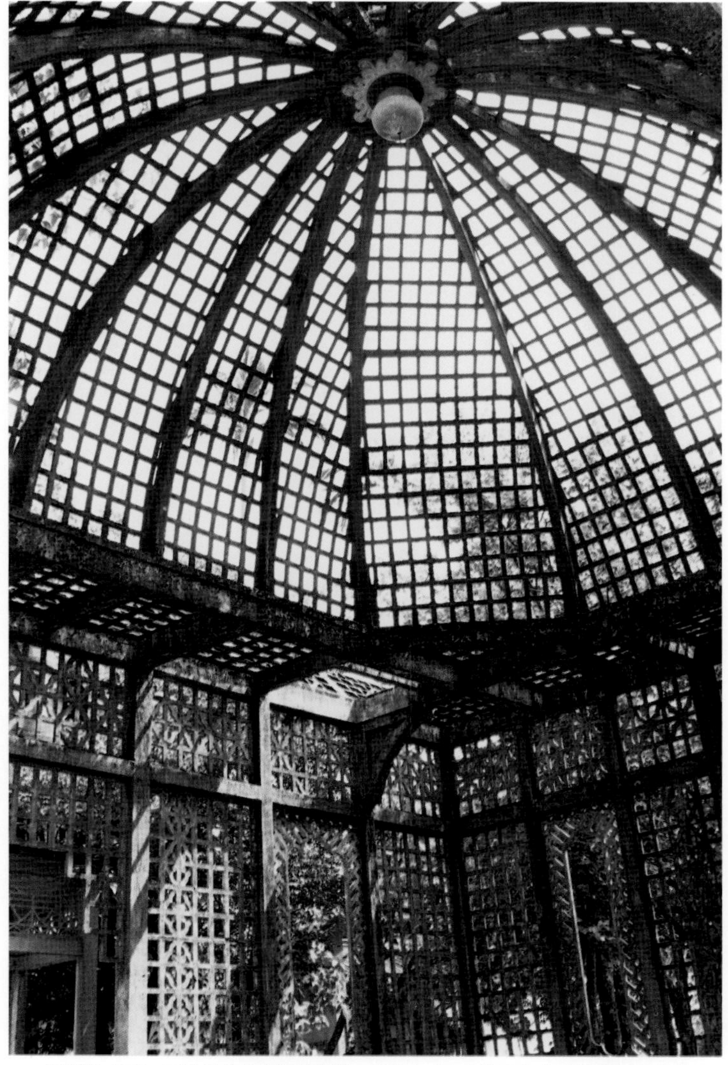

▲ "雀籠" 細部。可見裝飾花紋雖然簡樸，但給人"如在籠中" 的感覺卻非常強烈。

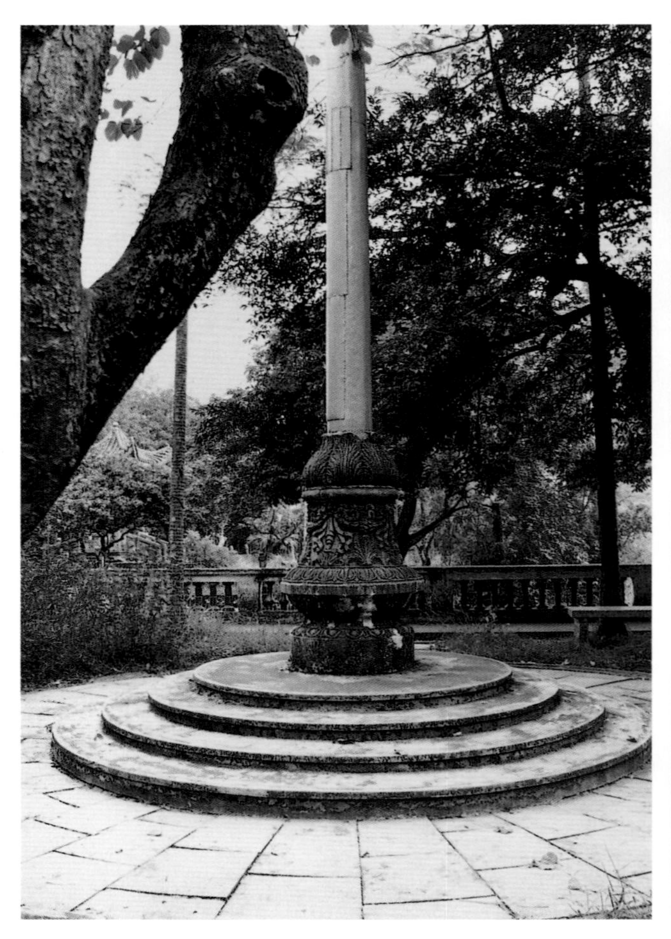

▲ 圓形的“打虎鞭”的台基和金屬雕花的柱礎，採用的是西式格調的圖飾。

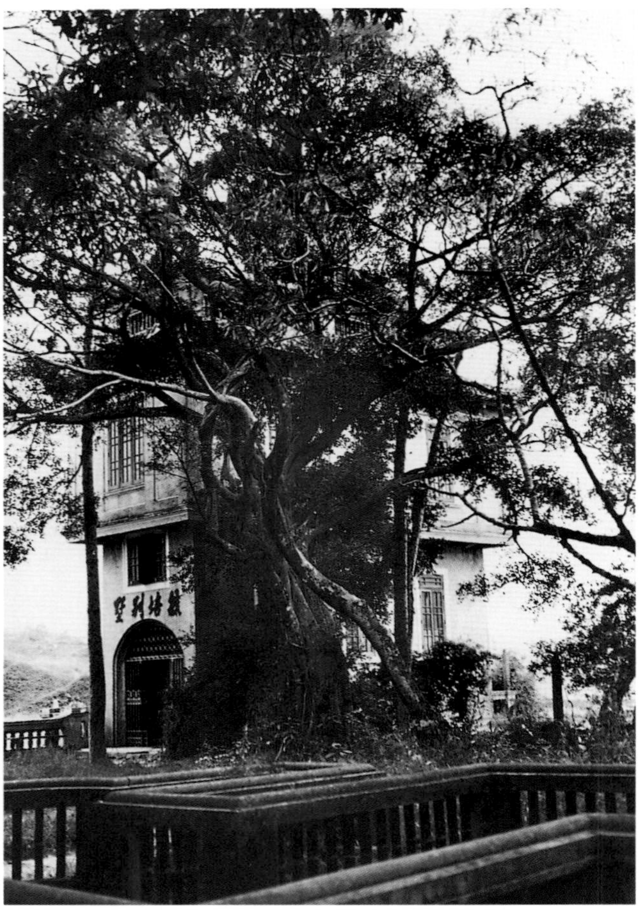

▲ 塔式的毓培別墅與曲折的露天迴廊一高一矮，一直一曲，相映成趣，體現了嶺南園林佈局的精妙。

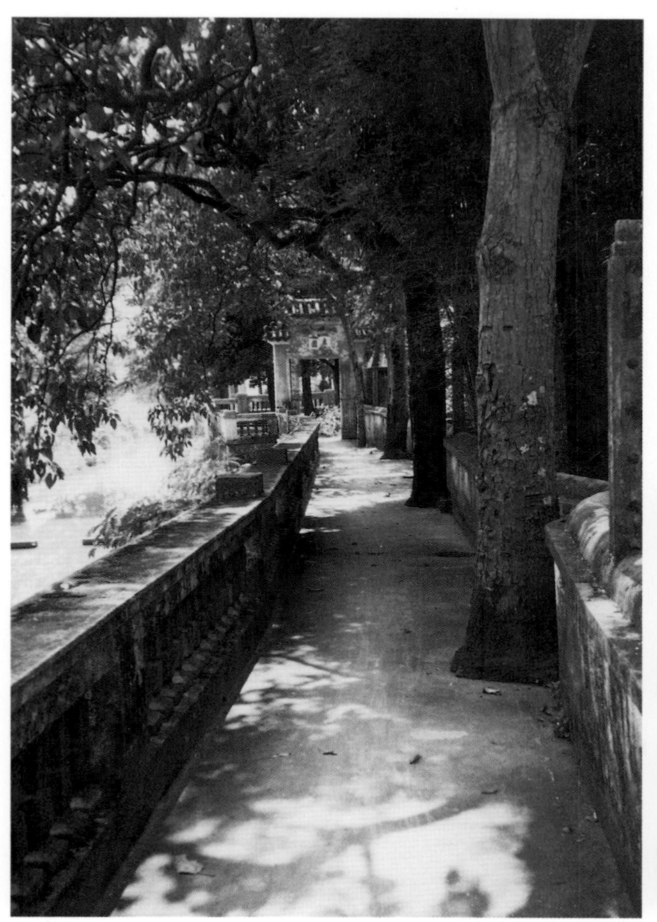

▲ 立園運河邊有一條連接別墅區和大花園的迴廊。這裏大樹參天，給人小徑通幽之感。

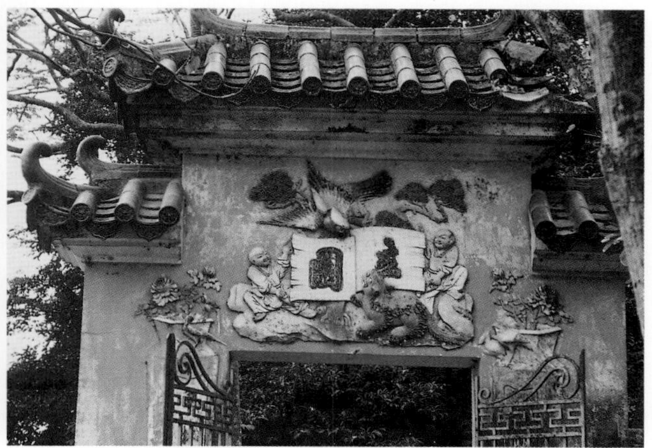

▲ 進入大花園的小門，小巧玲瓏。壓頂的琉璃瓦小檐、花鳥瑞獸羅漢浮塑、泥黃色的襯底，完全是中國傳統裝飾的手法。

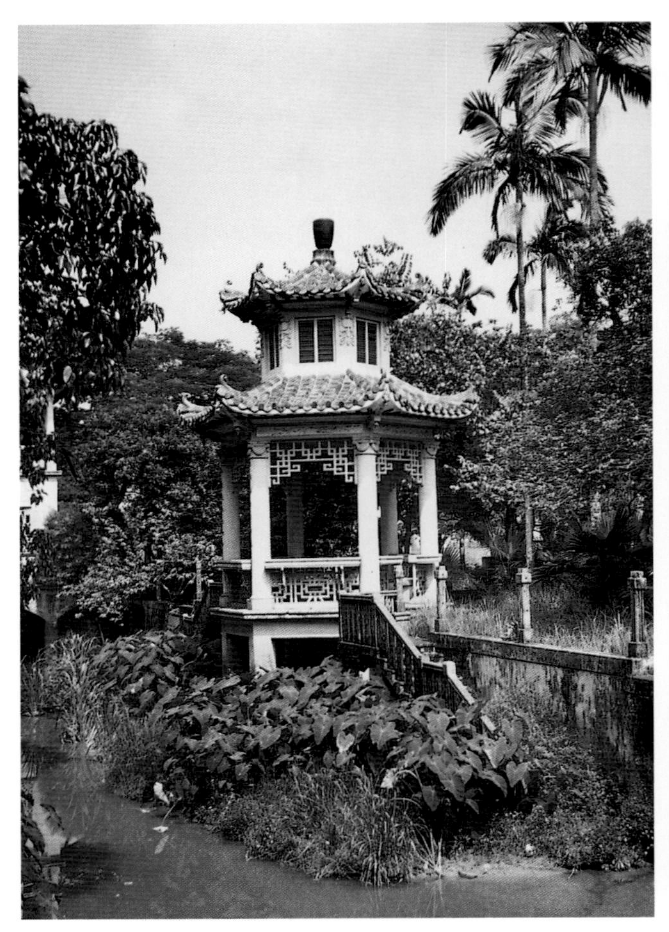

▲ 立園中式的涼亭建在大花園對河的小花園裏，依水而築，供主人休息和賞景。中式的飛檐、圍欄、大柱，配上少量西式圖案和百葉窗，顯出建造者對中國傳統文化和西方文化同樣有興趣。

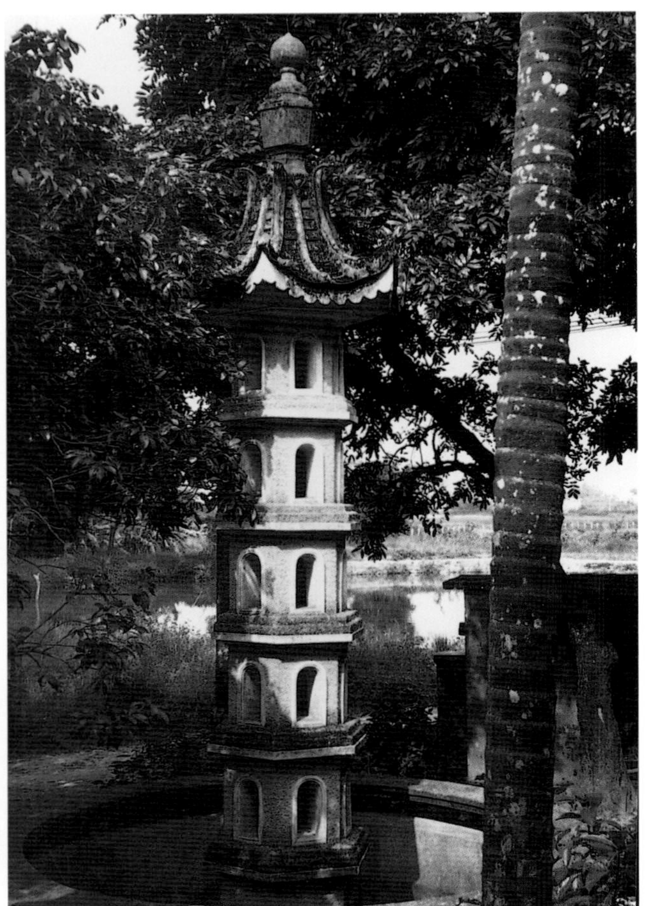

▲ 這座五層小白塔雖然屬於園林的裝飾品，但建造仍然十分精細。

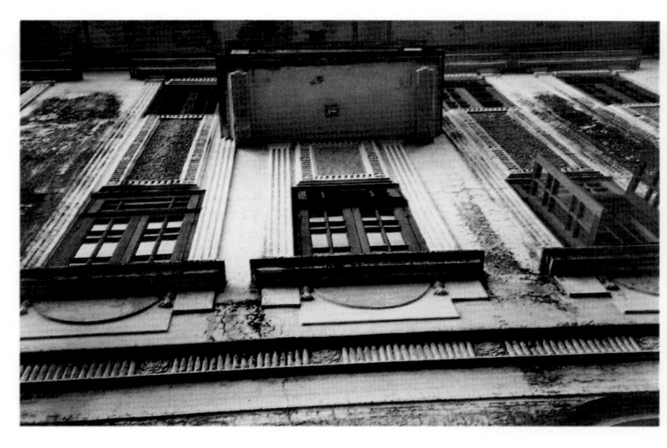

▲ 從立洋樓正面底部仰視，可見陽台上的槍眼。民居設有槍眼，這是二十世紀二十至三十年代廣東僑鄉建築特有的現象。

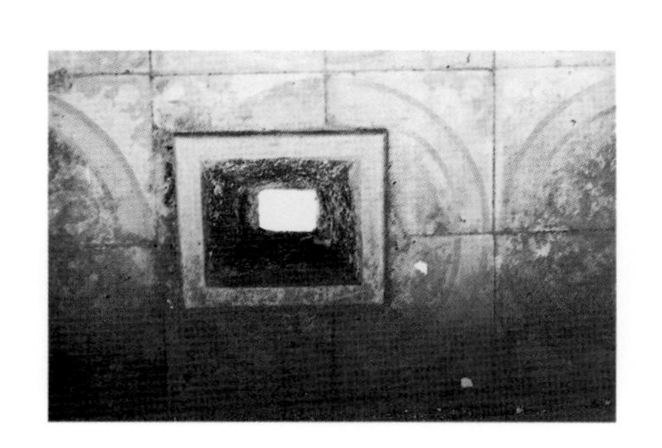

▲ 陽台槍眼細部。

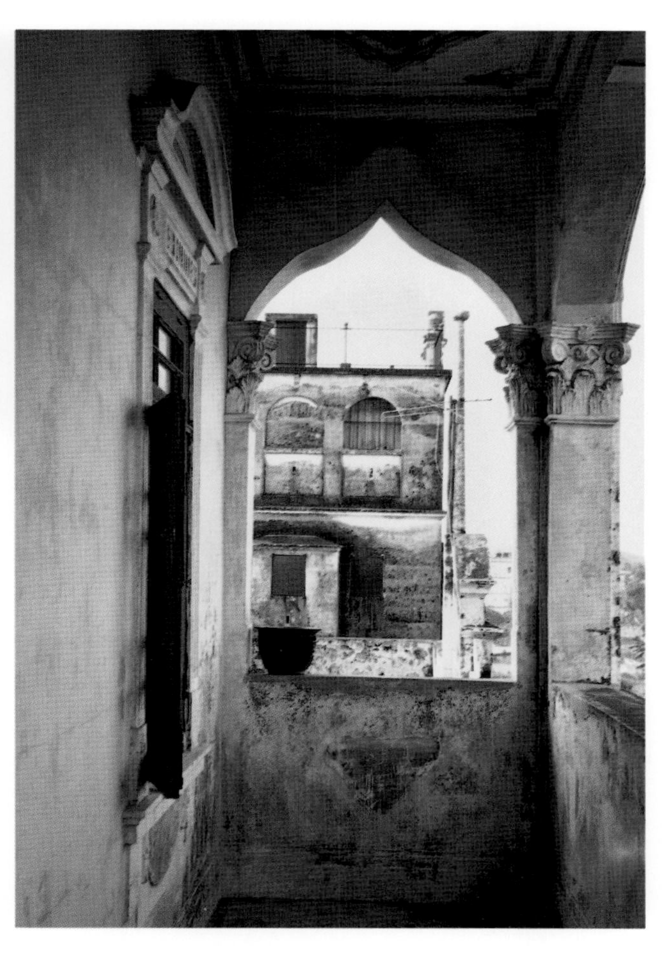

▲ 立洋樓的迴廊採用折衷主義的手法裝飾，既有古羅馬的柱頭花飾，又有伊斯蘭教堂頂部的圓錐形線條，充分體現多元藝術風格的溶合。

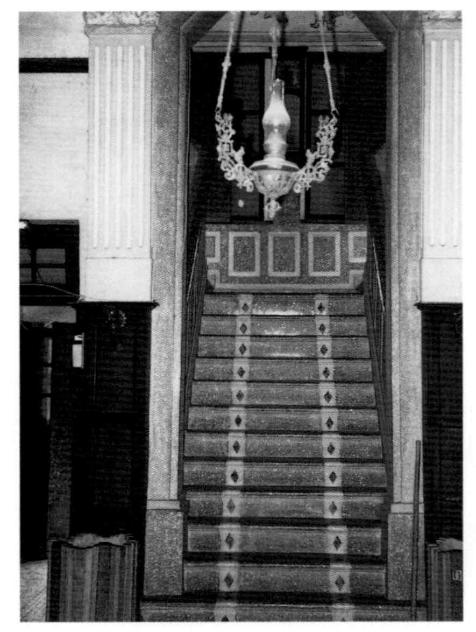

▲ 立洋樓底層大廳至二樓的樓梯，無論色彩和線條圖案，完全是西式風格。而圖中的吊燈，也是地道的"洋貨"。

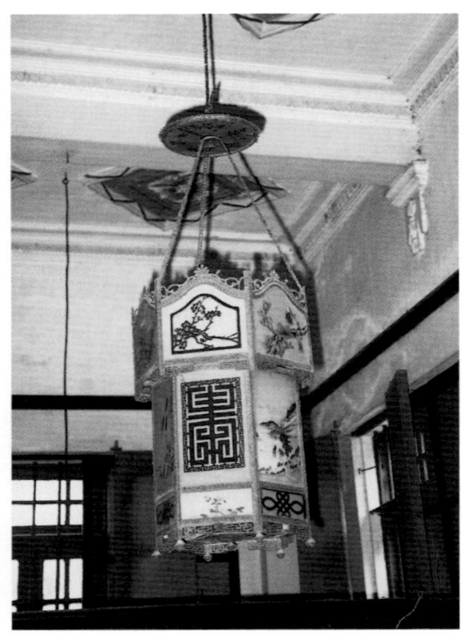

▲ 大廳除了洋燈之外，也有中式的八角形走馬燈。

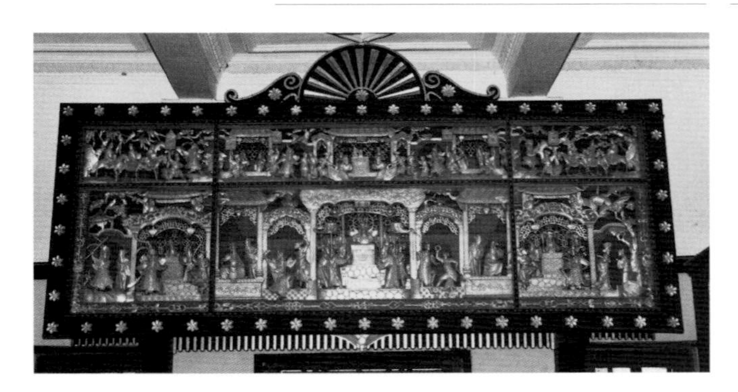

▲ 堂皇的金漆木雕，除了廟宇、祠堂等大型的傳統建築使用外，還是中國富有之家喜歡的裝飾品。立園的創建者在充滿西洋氣派的建築物裏，仍然不忘這類傳統藝術裝飾品的陳設，由此可見海外華人中國文化的情意結。

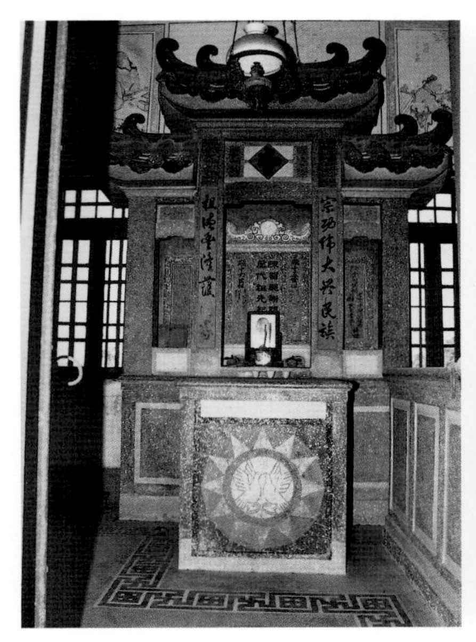

▲ 立園謝氏祖先的神位安置在立泮樓的頂樓。與傳統祖先神位不同之處是它不是木造的神壇，而是用水泥建造的固定神位，表面用帶有色彩的水磨石米裝飾，但整體形格仍屬傳統的中式祖壇、瓦筒小飛檐頂、香案、祖先像、家族紀念性的對聯等一應俱全。立泮是立園最高的建築，而祖先的神位又放在頂部，可見創建者對祖先崇拜的重視。

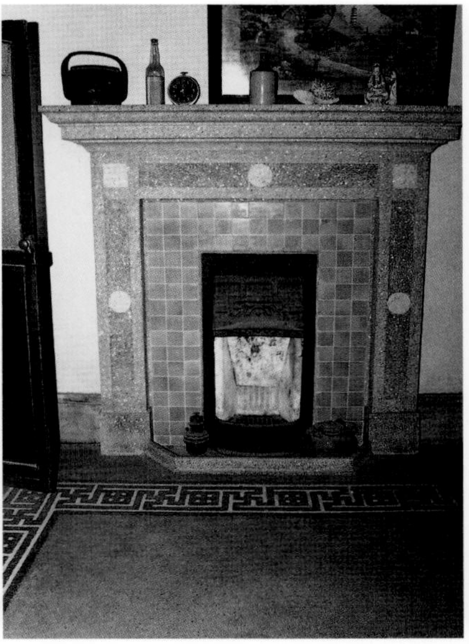

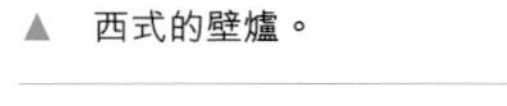

▲ 西式的壁爐。

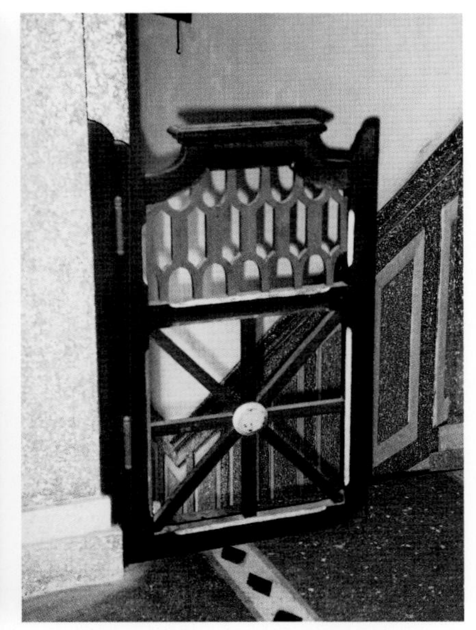

▲ 二樓梯口的矮門，用的仍然是西式的格調。其功能主要是防止學走路的小童不慎從樓梯掉下。

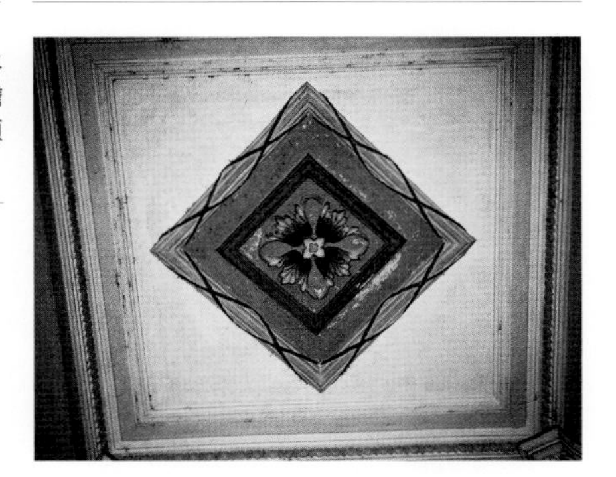

▲ 天花板非常簡樸而富於變化的方形圖案裝飾，是西式的格調。

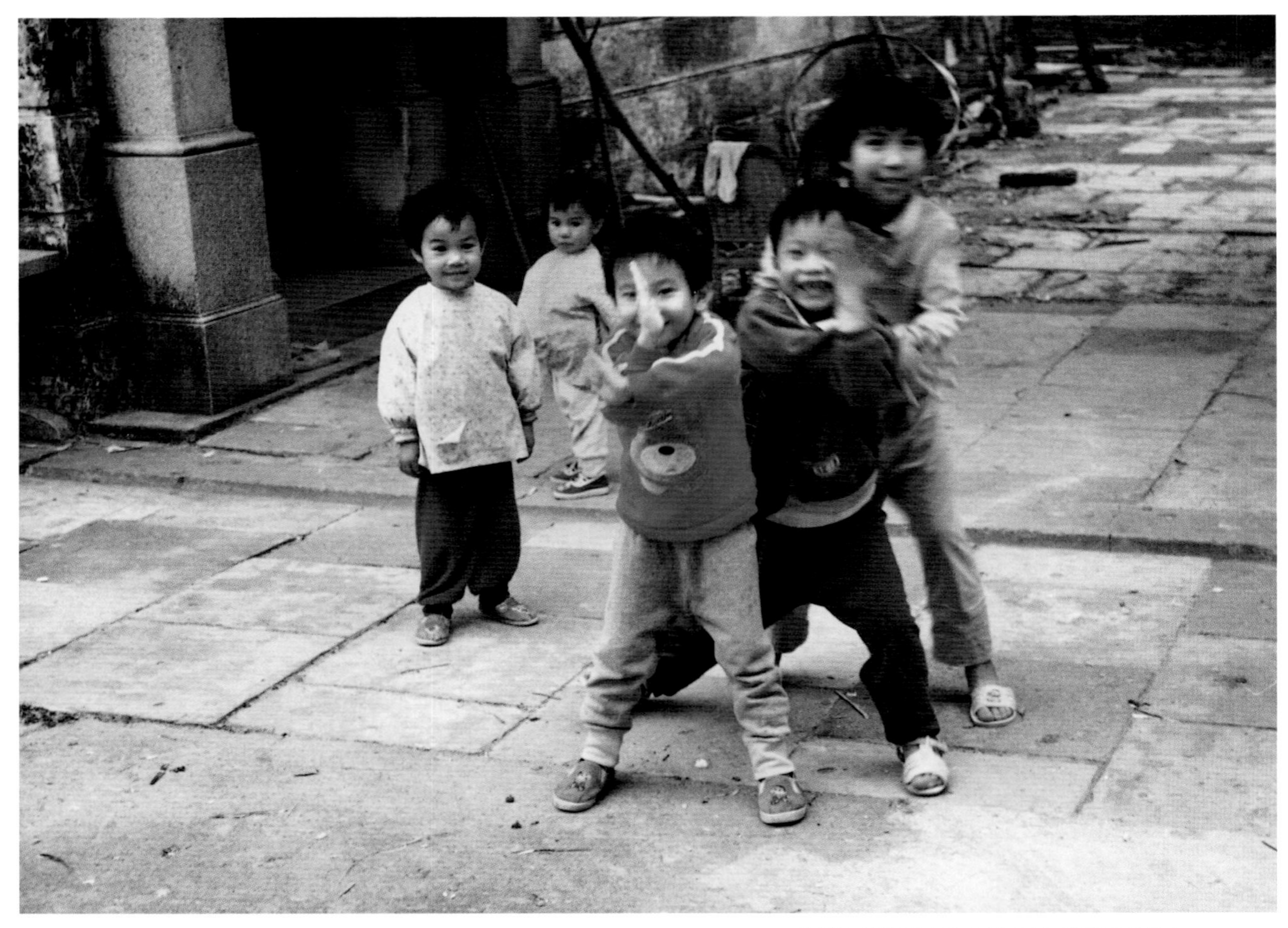

▲ 這群天真爛漫的小孩是立園創建者謝維立的後人。

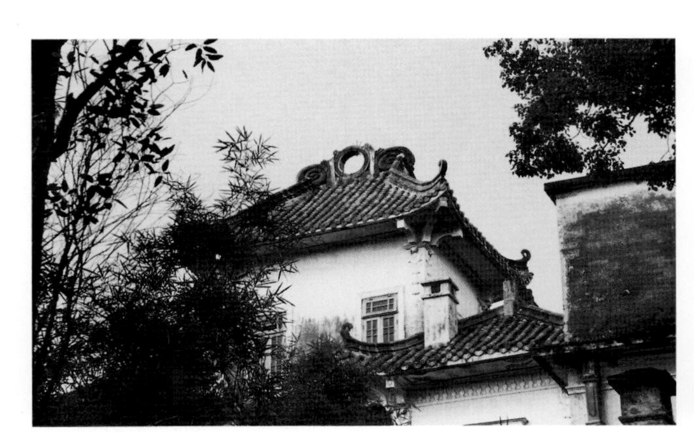

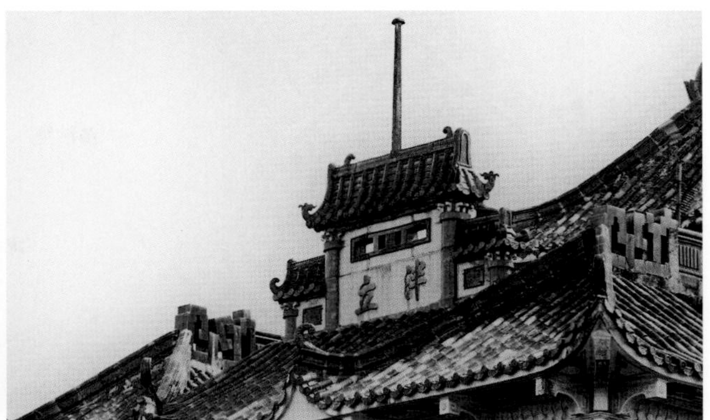

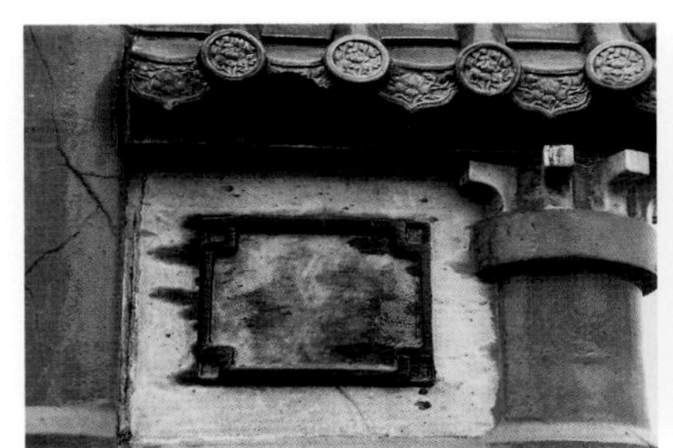

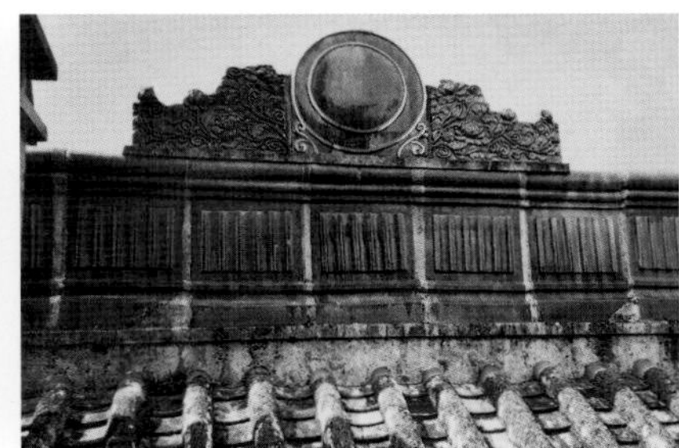

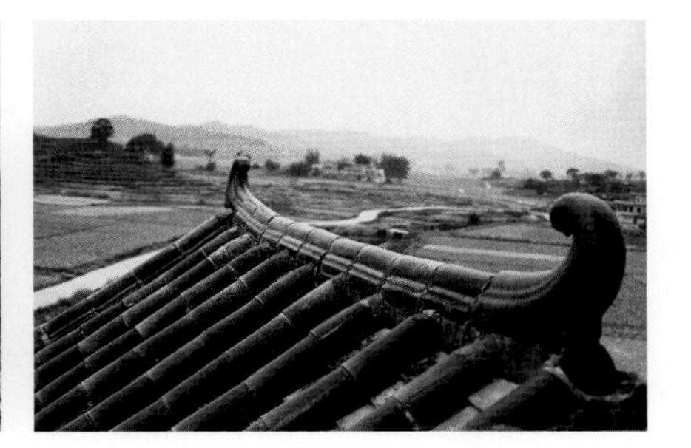

◆ 立園以具中國傳統特色的綠色琉璃瓦作屋頂裝飾，與園林的綠樹花草互相交融，繼承了嶺南園林強調自然、和諧的風格；而它又與西式的樓宇設計巧妙地結合在一起，絲毫沒有給人不協調的感覺，這確是立園設計最成功的地方。

三·中西合璧的民居

無論從總體數量和分佈地區的普遍性來看，中西結合的民居在廣東僑鄉中西合璧建築中都居於首位。換句話說，中西結合的民居在廣東僑鄉到處可見。然而，由於中西結合的僑鄉民居，往往不是另立村址興建，而是在定型的村落中建造，所以它常常夾雜在傳統的民居之中，很少發展出純粹中西結合民居的新村落。即使是單門獨戶沒有和其他傳統民居毗鄰的中西合璧建築，基本上也沒有改變四周的大環境。所以在僑鄉村落中的中西結合民居，其重要的特色之一，就是以其自身獨特的建築形態顯示出與傳統民居的不同。

廣東農村的民居建築與中國其他地方的農村一樣，長期以來形成了一些非常保守的傳統格調，幾乎採用同一種模式興建。它們基本上按照中國農村依山面水，因勢利導的原則興建，以梳形的方式排列。同時又以一明兩暗，天井居中，三間兩廊等規格為標準形態，甚至連房屋的尺寸、開間都定型化，正如一些研究民居的學者指出的那樣，廣東農村的民居是“形同於外，變化於內”，都是在三合院、四合院的基本佈局中變來變去。(黃為雋、尚廓　1993：112)廣東僑鄉的中西合璧建築民居，雖然仍然深受傳統建築的影響，但已有相當大的突破。

首先是對千篇一律的外形和裝飾方面的改造。僑鄉中西合璧建築民居用多層洋房的建築模式，代替平房建築的式樣；利用陽台、正面山花的西式裝飾，代替傳統山牆和房頂脊樑的裝飾。另外，在樓頂的設計上，也打破金字架的結構，使頂部也成為可利用的地方。這些突破，使僑鄉的民居呈現出新的文化氣息，象徵着傳統的改變。

如前文所述，僑鄉中西結合的民居建築，沒有固定、統一的模式，但從中西文化溶合的角度看，卻可以分出兩大類型。

其一是“外西內中”。以西方建築的風格作為外觀，房子內部仍然以中國傳統的民居建築的格調為主。梅州白宮鎮富良美村聯芳樓就是這一種類的典型建築。

聯芳樓為印尼華人邱麟祥、邱星祥兄弟建於1931-1934年，佔地近3000平方米，樓高兩層。正面有三層拱券柱廊結構，底層仿如騎樓，第二層是陽台，頂層是穹窿頂鐘樓。裝飾非常華麗，既有浮雕的西方天使，錐形垂花，也有中式的麒麟、花鳥，令人嘆為觀止。裝飾的內容雖然滲有中國的元素，但從整體上看，仍屬西方的格調，並帶有明顯的古典主義和洛可可建築風格影響的痕跡。（實地調查資料）

但是，當我們考察聯芳樓的內部結構時，發現他的平面與客家三堂六橫圍籠屋的構造完全一樣。特別是天井、屏風的運用和廂房的排列，與傳統的客家民居簡直是同出一轍。（同上注）

其二是"外中內西"。這類房子採用中國傳統的民居建築的風格為外表，內部結構和裝飾卻採用西方或域外的形式。有"嶺南第一僑宅"之稱的陳慈黌故居就是典型的代表。

陳慈黌是近代"香叻暹汕"貿易體系的開拓者和成功的經營者。二次大戰前已被列為泰華八大財團之首。由他開始經營的陳氏大宅位於澄海市前美村，始建於清末，後不斷擴大，一直到1939年才基本停頓下來。其主要建築年代是二十世紀二十至三十年代。大宅共分四大部分：郎中第、壽康里、善居室和三廬，佔地25400平方米，廳房506間。該宅以潮汕地區傳統民居"駟馬拖車"建築格局為主，院庭、屋頂和外牆基本是中式的格調。而內部的結構和裝飾卻使用較多的西方和域外的元素。大量採用迴廊和柱式的西式結構，特別是門、窗的裝飾和圖案瓷磚的運用，顯出不同的建築文化重新組合的特色。（同上注）

從陳氏大宅所顯示出來的文化特色，我們可以清楚地看到，嶺南地區中西文化的溶合，往往混有一些東南亞色彩的因素，這是由於東南亞的海外華人，他們接觸到的西方文化已滲入了當地的文化元素。近代西風東漸的過程，是從南亞、東南亞，再到遠東的。從建築文化交流和溶合的歷史，我們亦可找到它留下的印記。

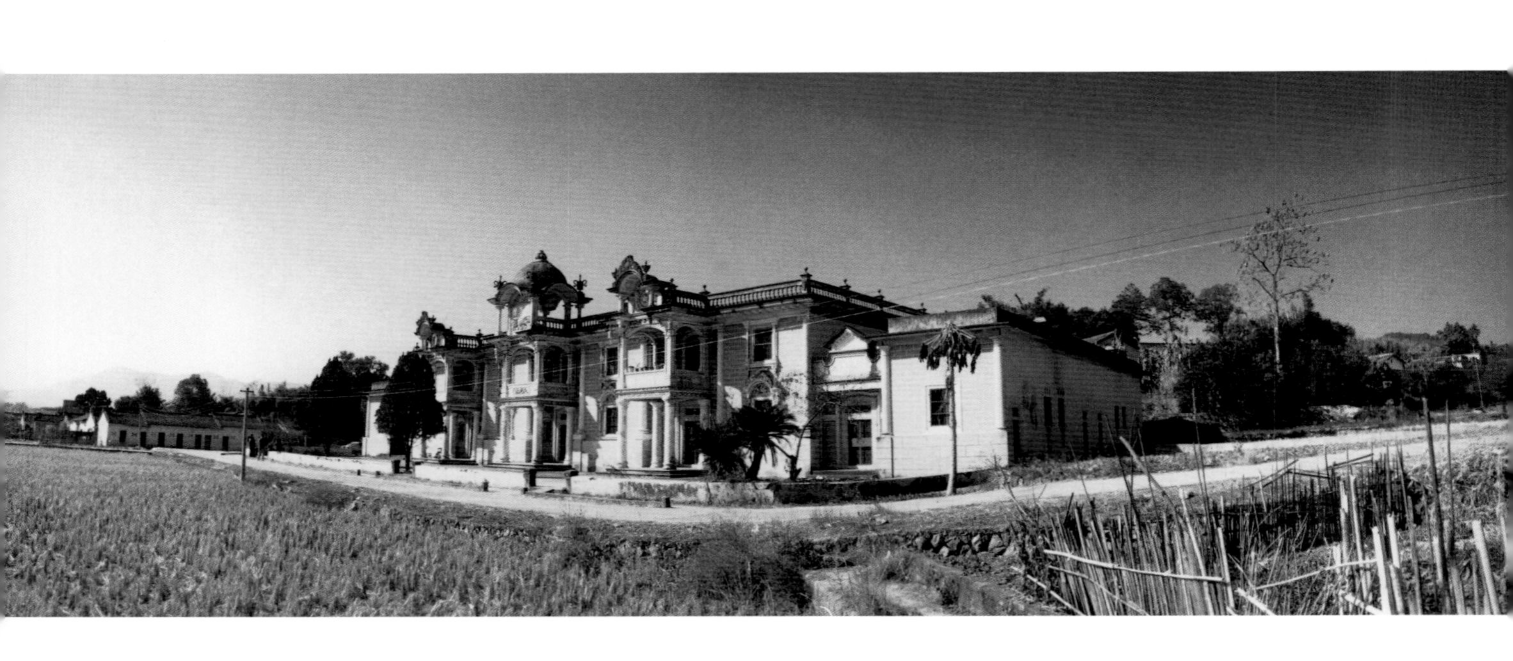

▲ 聯芳樓全景。這座民居正面立面結構和裝飾，完全是西式的風格。中間三道門的前面，都有向前突出的柱廊和拱券柱廊結構。底部仿如騎樓，二樓是陽台，頂部是拱形山花和非常別致的穹窿頂。在二十世紀三十年代廣東東北部山區的田野上，出現這樣一座堂皇的中西合璧建築物，也算是令人嘆為觀止了。

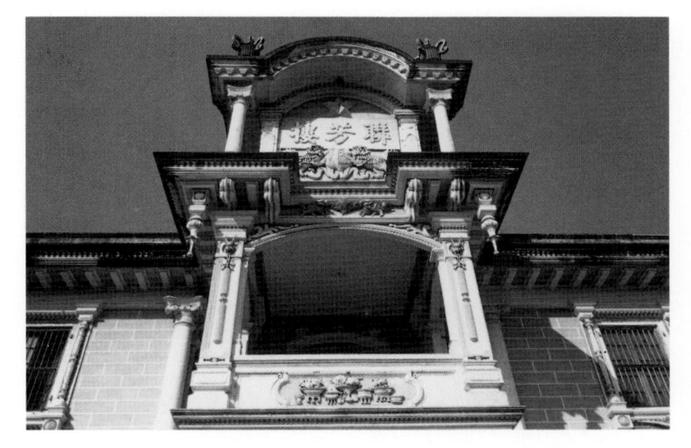

▲ 正面立面中央的二樓和頂層裝飾細部。樓名題辭在山花的正中，下方是雄獅抱地球，上方是五星的浮雕。大量的羅馬拱券柱式結構和西式圖案應用在正面的裝飾上，但在二樓陽台的線腳部分，卻有一組中式的盆景浮雕。這個組合，並沒有給人不協調的感覺。

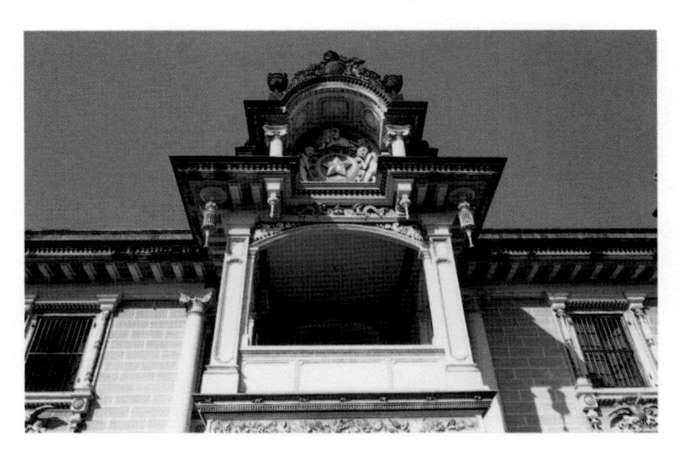

▲ 正面立面邊翼的二樓和頂層裝飾細部。頂部山花以五星為中心，上方是雄獅，兩側是天使。二樓陽台線腳裝飾的浮雕，是嶺南瓜果。

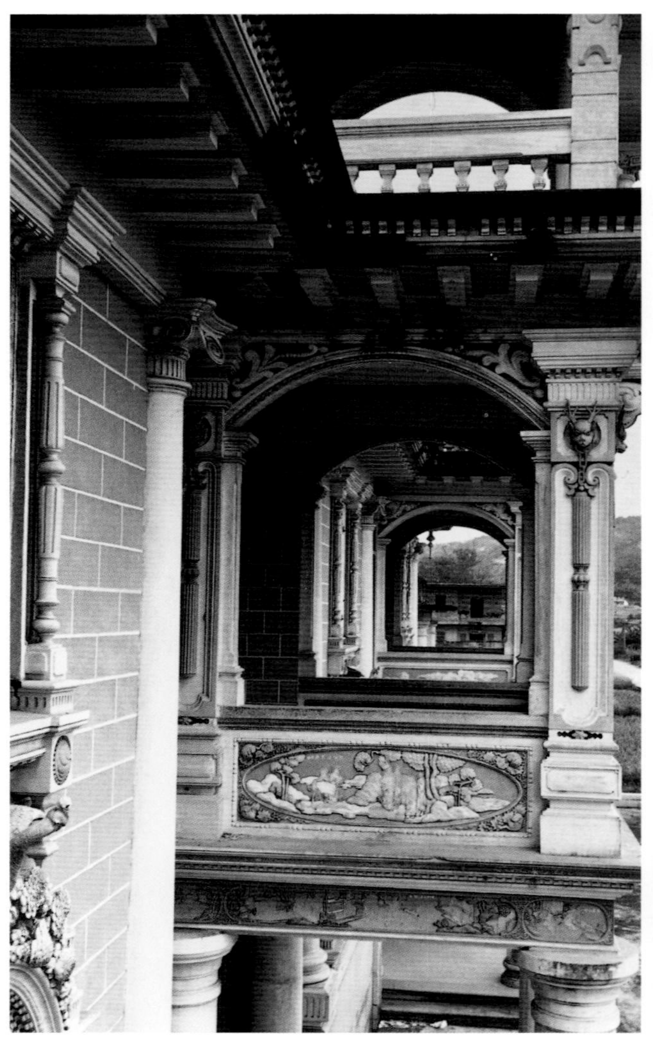

▲ 二樓陽台側面。在西式拱券柱廊結構中有中式山水畫浮雕裝飾。

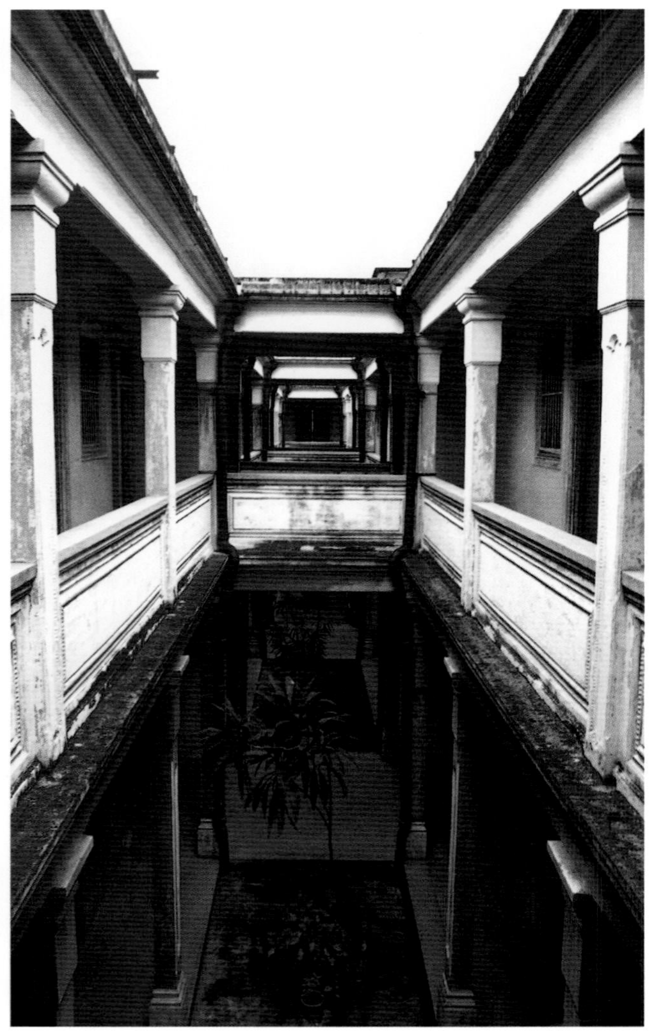

▲ 天井與迴廊。這部分不僅通風、透氣，採光十分充分，而且形成結構上對稱之美。

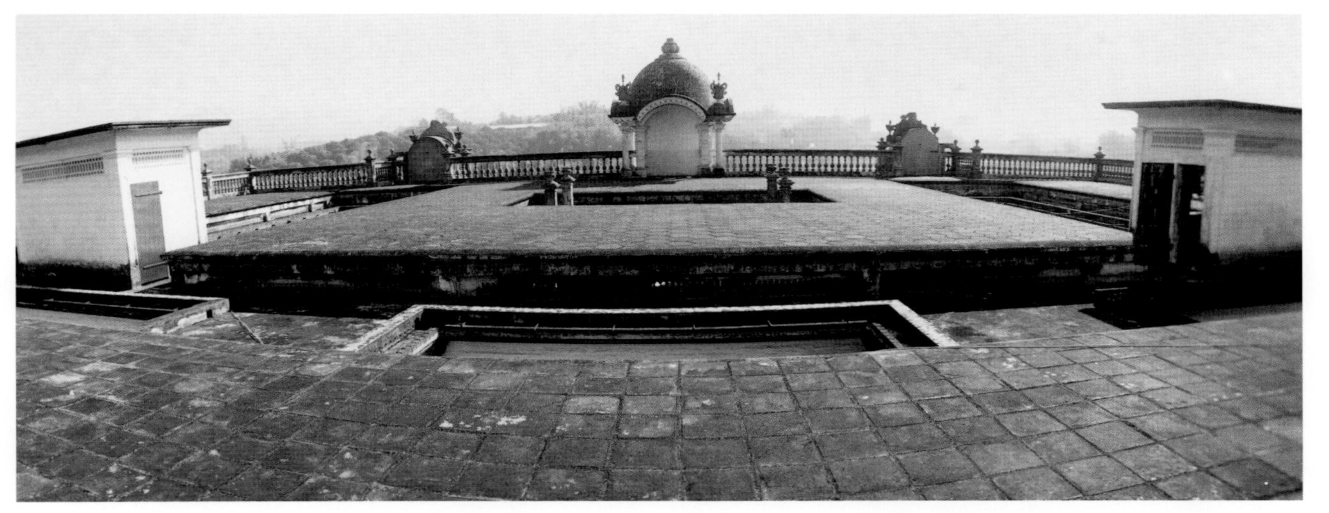

▲ 天台全景。畫面可見整座大樓的的設計非常注意天井的分佈。這個特點顯示了聯芳樓在內部結構上，深受中國傳統四合院重視院內空間設計的影響。而中央的穹窿頂，則運用了古羅馬建築的十字拱結構。

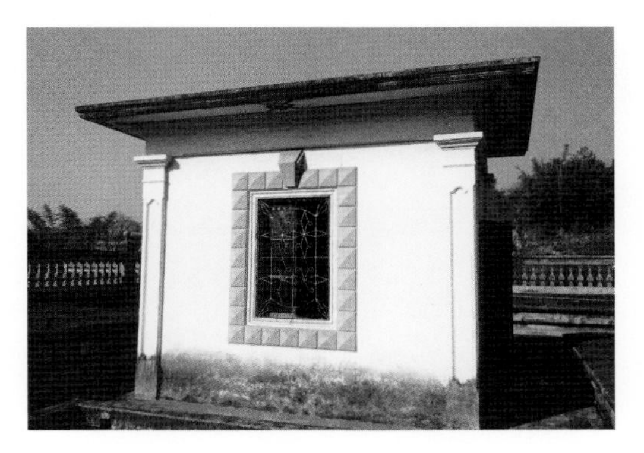

▲ 聯芳樓的窗戶裝飾雖然多元化，但注意與兩旁柱式的配合是其重要特色。

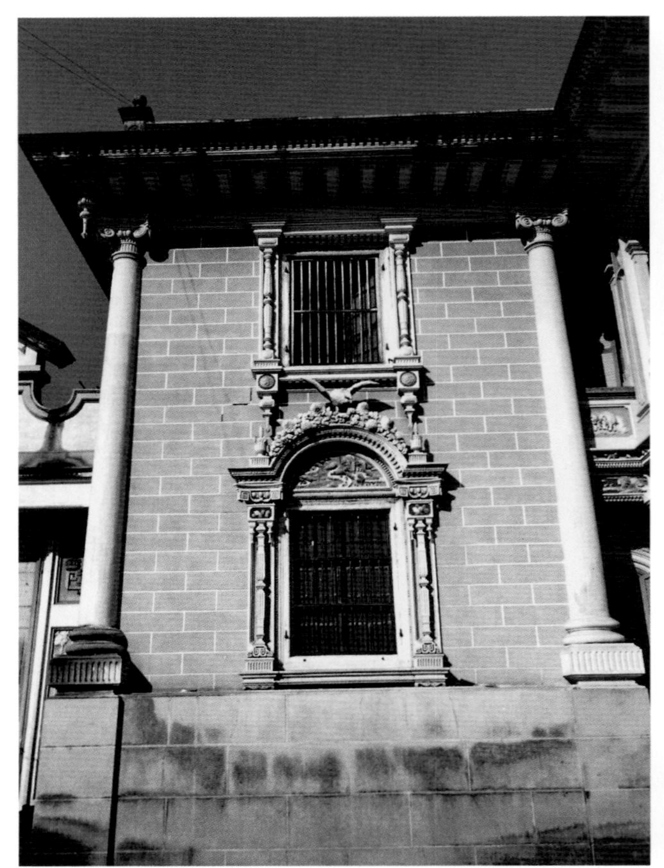

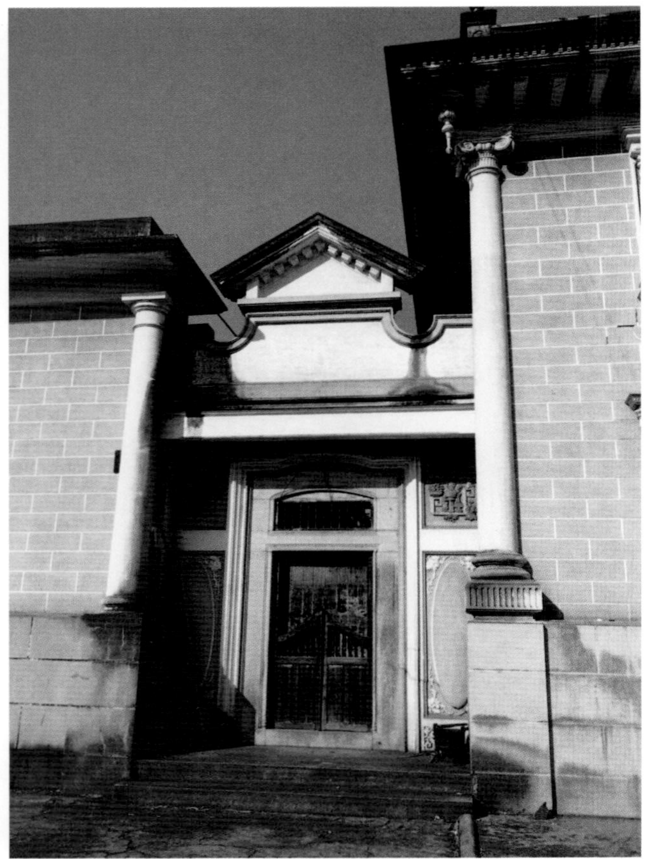

▲ 在西式立面的結構和裝飾中，邊門完全採用中式的木門：前面是嶺南非常流行的半截式腳門，然後才是正式的大門。一般人家，白天只關腳門，便於空氣流通。

▲ 聯芳樓正面的窗戶裝飾特別精美。窗框採用西式拱券柱結構，底層與二樓的窗戶之間，有一組精緻的瓷雕花飾：在一隻立體的飛鷹之下是一條半月形的彩色花帶，然後是一幅色彩繽紛的山水浮雕畫。這種把兩層窗戶裝飾連成一體的設計，加上兩旁愛奧尼與塔司干混合式的羅馬大柱和直飄式的飛檐，構成了完整、典雅而華麗的畫面。這種別具一格的設計在正面立面中一共有四處。它們的樣式基本一致，只是彩色花帶和浮雕畫的圖象部分略有不同。

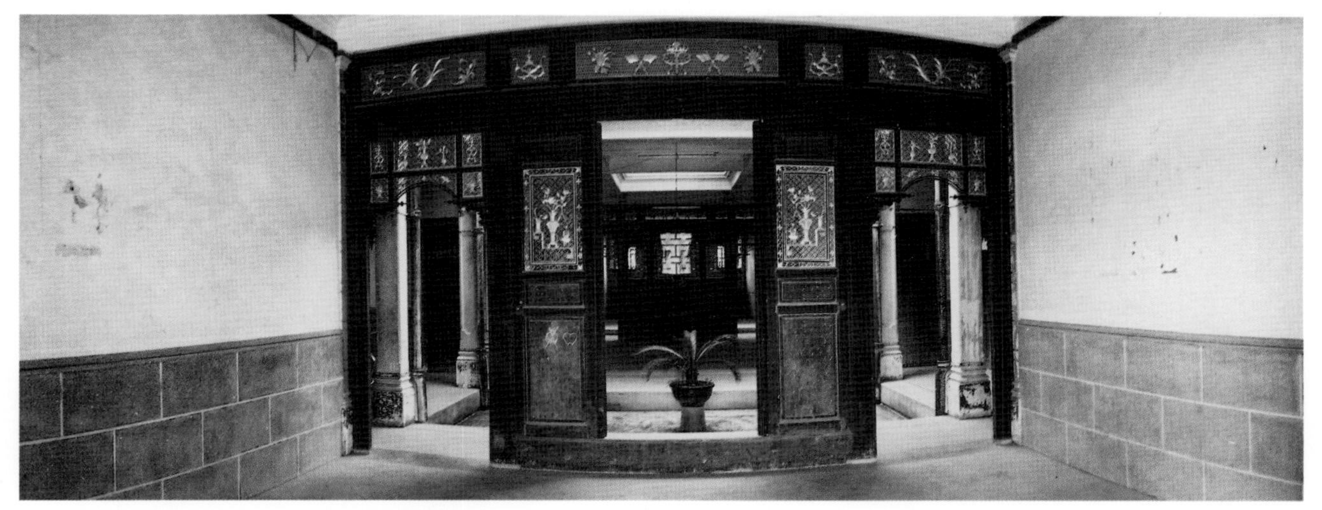

▲ 地下大廳採用中國傳統的木雕漆金屏風和雕鏤的花罩。

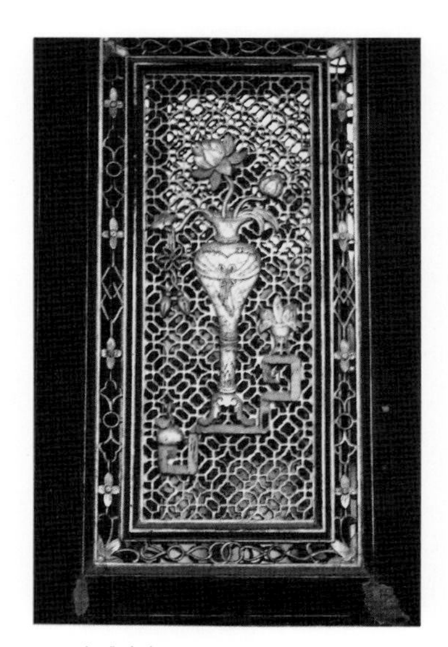

▲ 木雕漆金屏風細部。

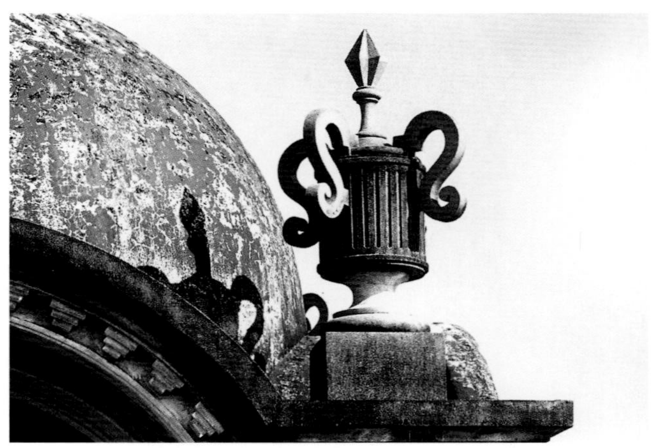

▲ 大樓中央頂部穹窿的獎杯形石雕裝飾。

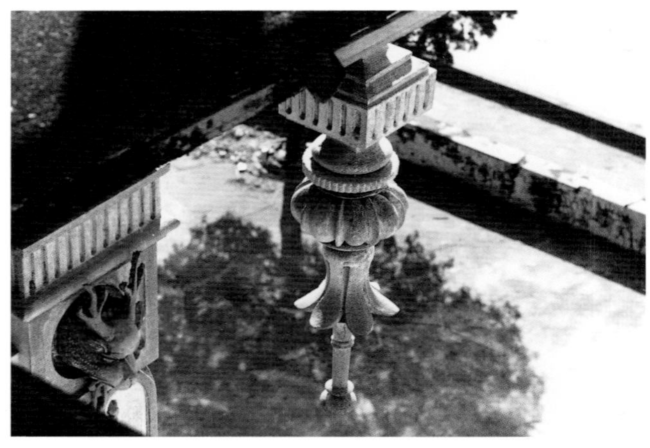

▲ 正面立面錐形垂花細部。

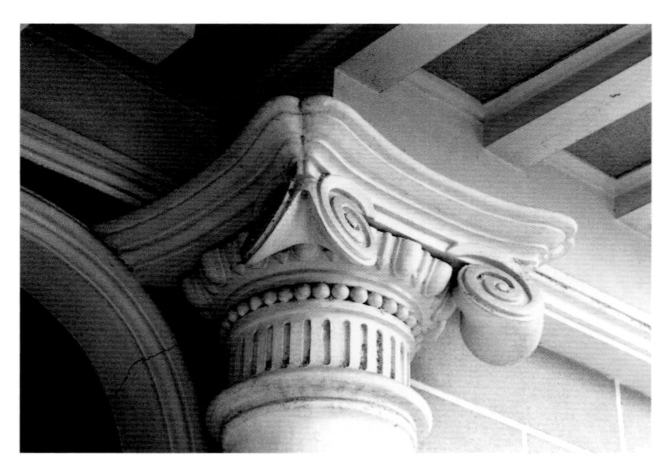

▲ 愛奧尼與塔司干混合式的羅馬大柱柱頭。

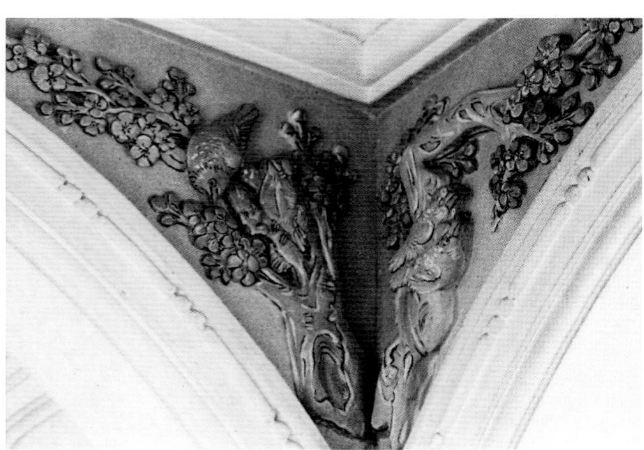

▲ 大樓西式穹窿頂內十字拱的浮雕裝飾，取材卻是中國文人畫常見的花鳥。

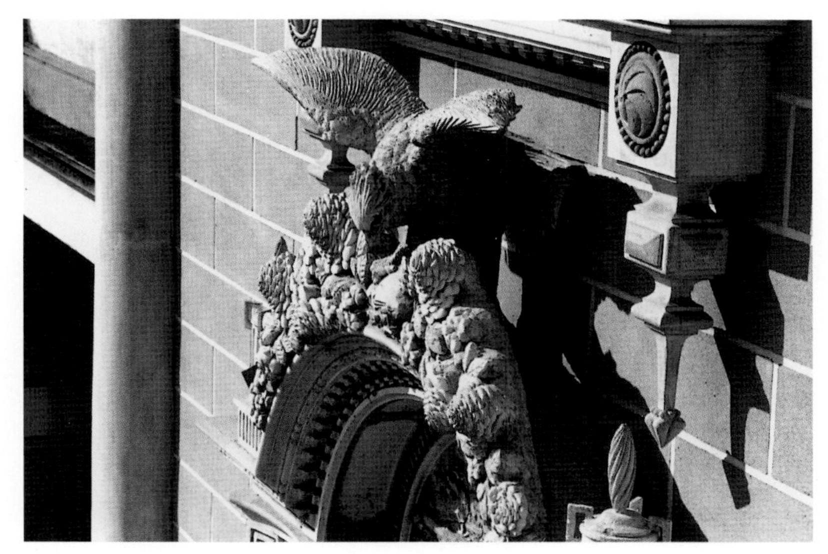

▲　大樓正面窗戶裝飾細部。

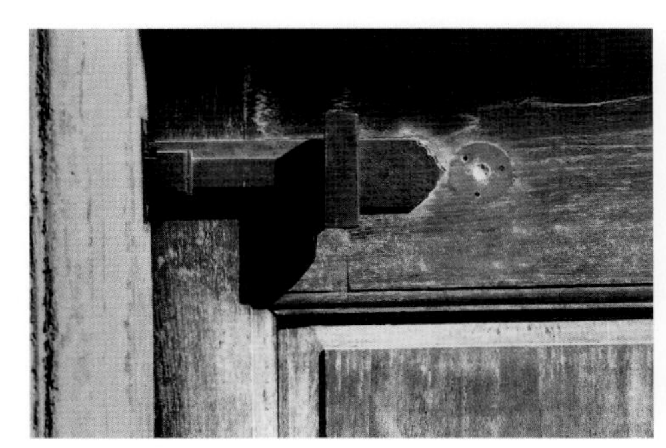

▲　西式銅門柵。

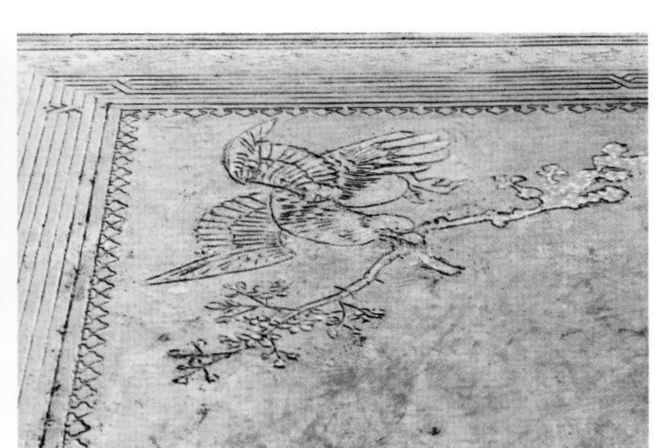

▲　聯芳樓的部分地面也有圖案裝飾。

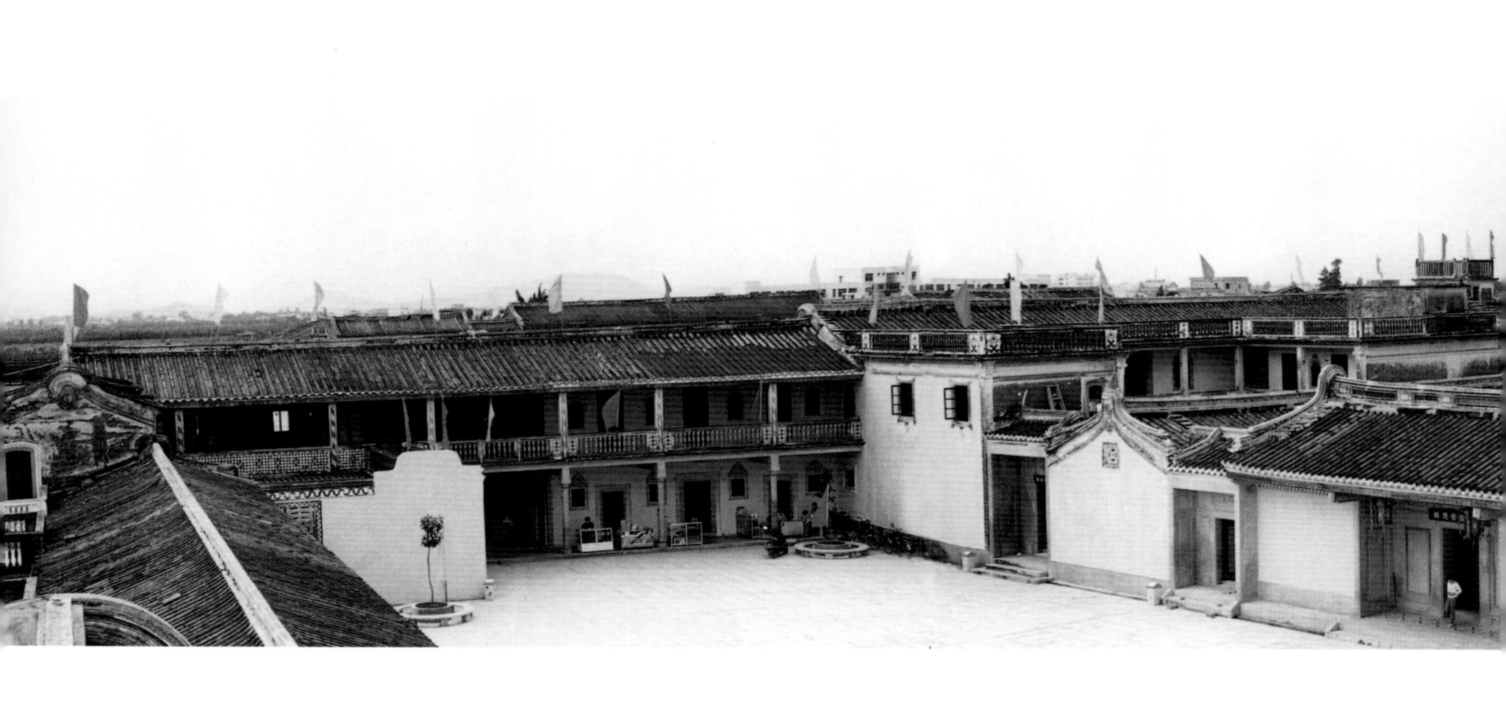

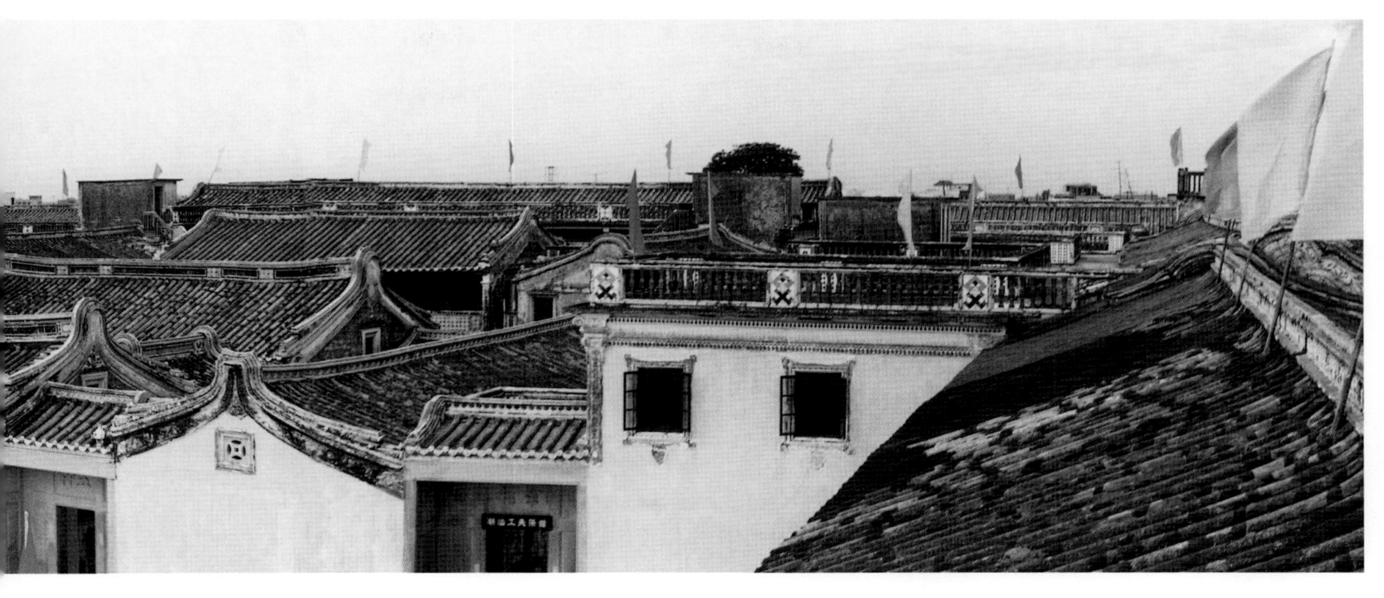

▲ 陳慈黌大宅建築群確實蔚為大觀，有人稱之為“嶺南第一宅”。

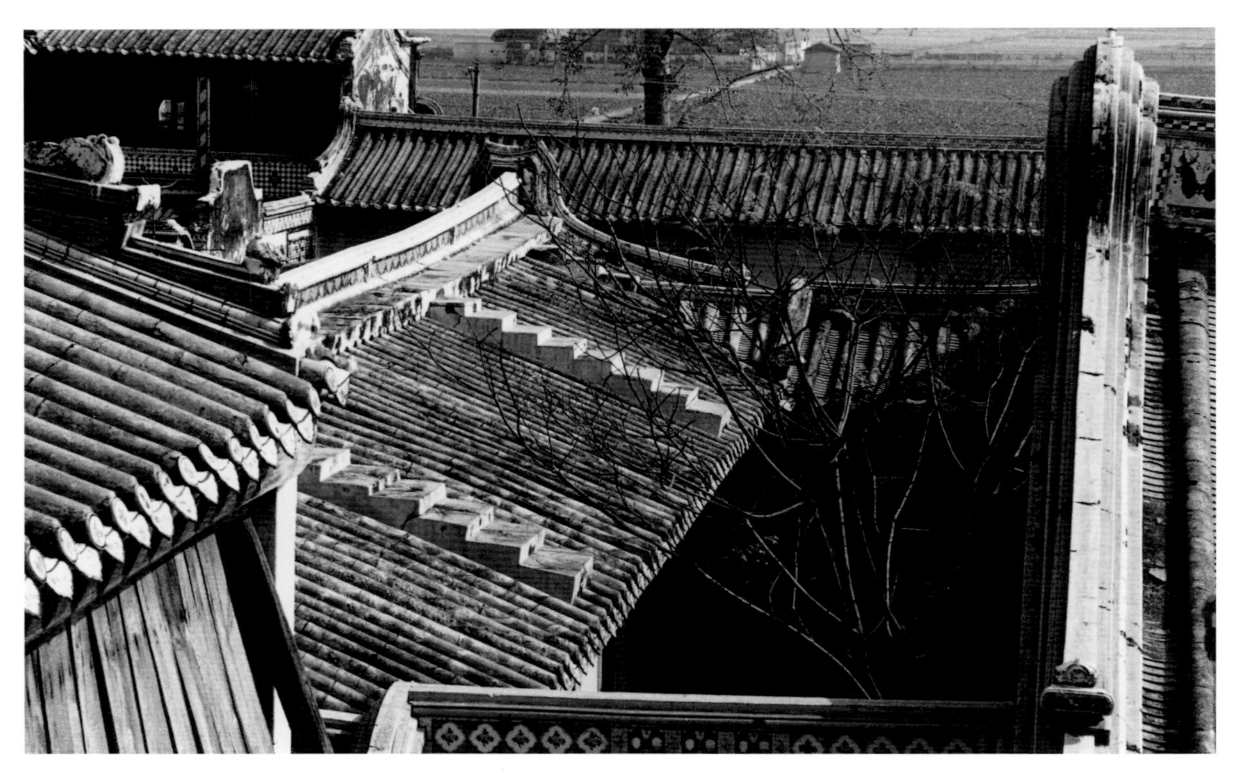

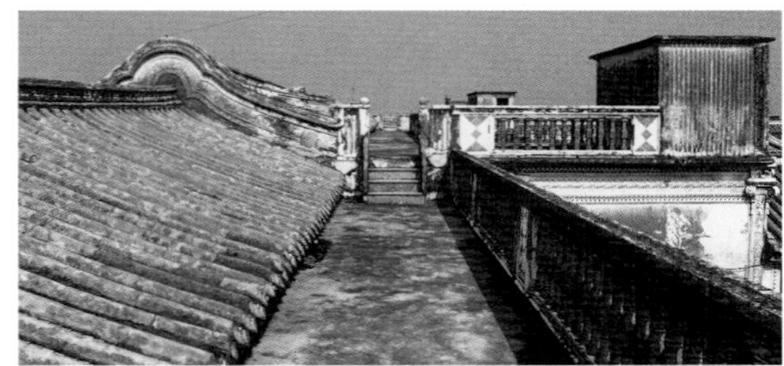

◆ 陳氏大宅的屋頂結構較傳統的廣東民居複雜，既有山牆、屋脊，也有平台、欄杆和梯級，而且很大部分能夠相通。仔細觀察便可發現，這座建築在以中式為主的格局上，融入了部分的西式設計。

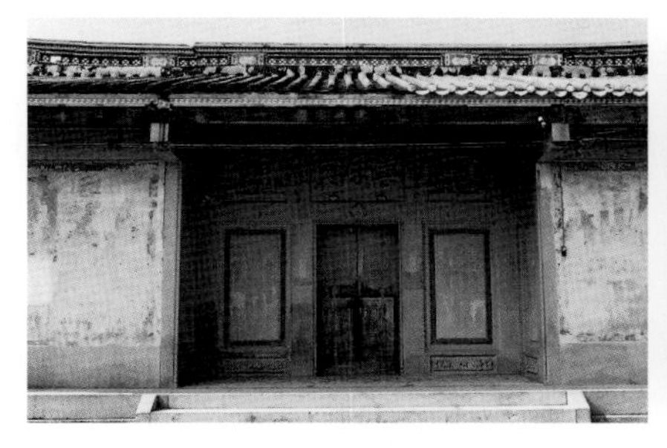

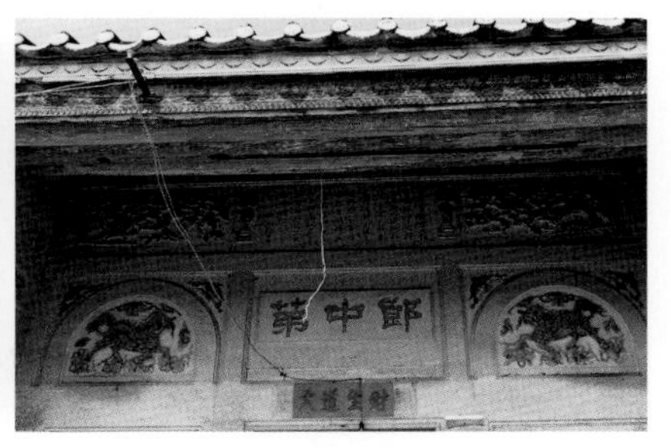

◆ 整個建築群按中國傳統形式由四大宅第組成。“善居室”和“郎中第”是其中兩個。從它們的正門形制和裝飾可見，是地道的中式建築。

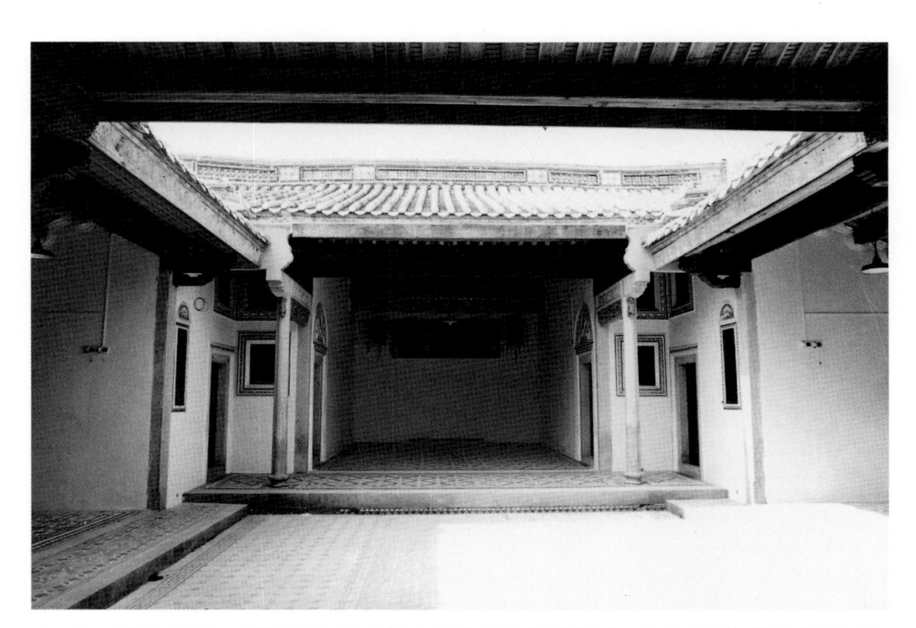

▲ 在大宅的心臟部分，有部分兩進式的結構：兩廳堂之間是開闊的天井，廂房在兩側。這是廣東民居最常見的結構模式。

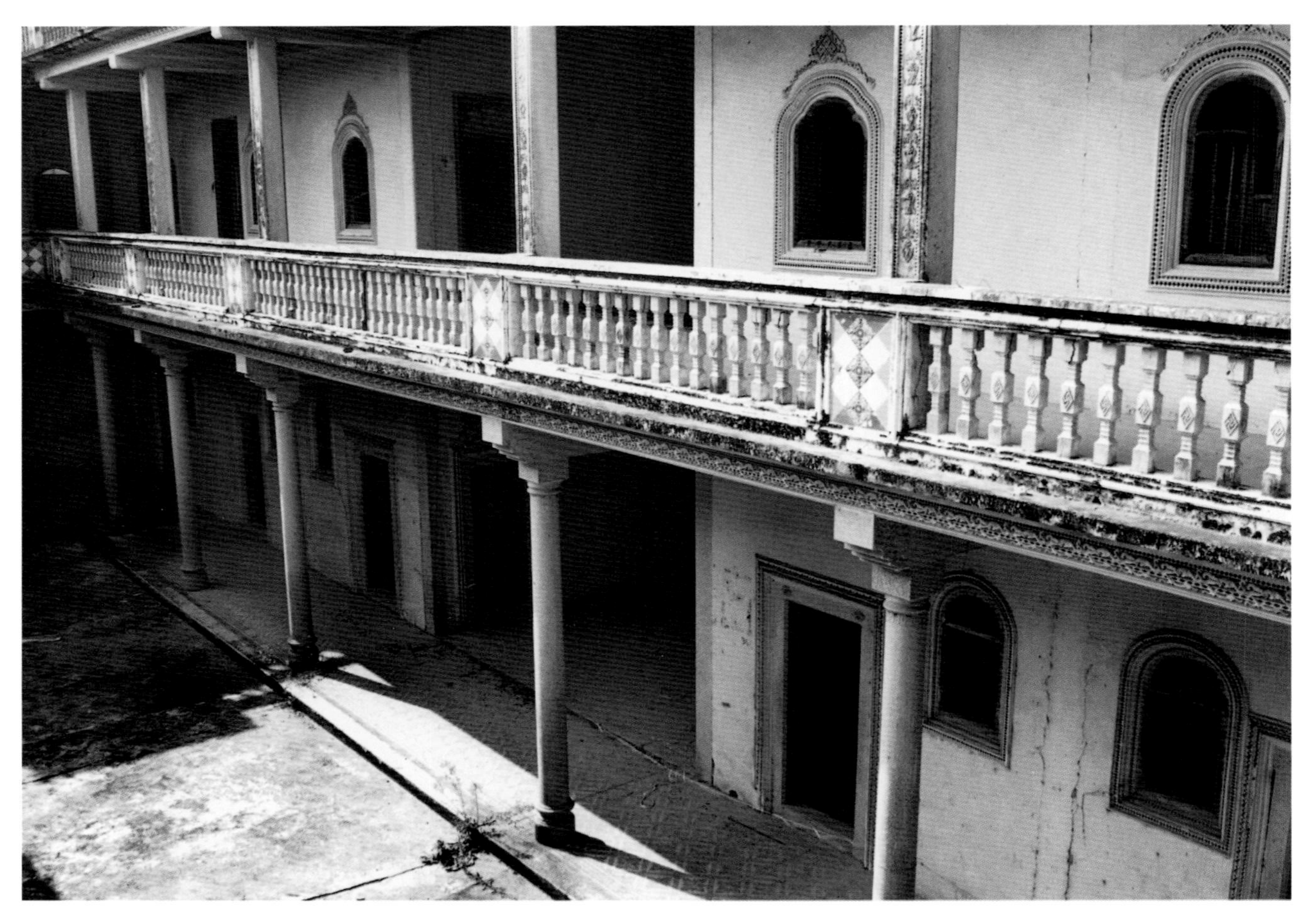

▲ 騎樓式的柱形迴廊結構。底部以塔司干式的石柱承托，形成騎樓式的走廊；二樓有三節形小柱欄杆和方柱組成的通透迴廊，給人以非常清新、明快的感覺。

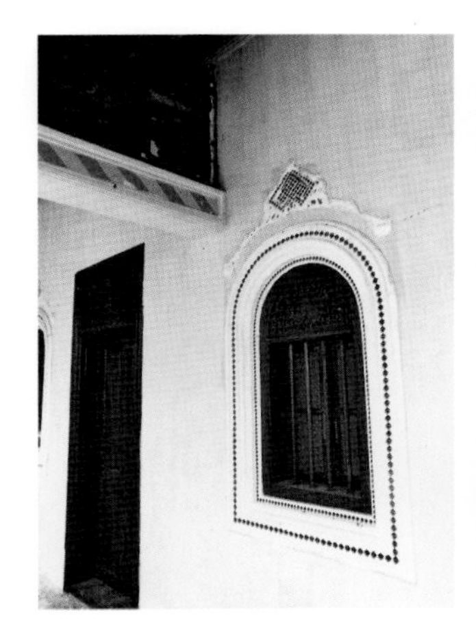
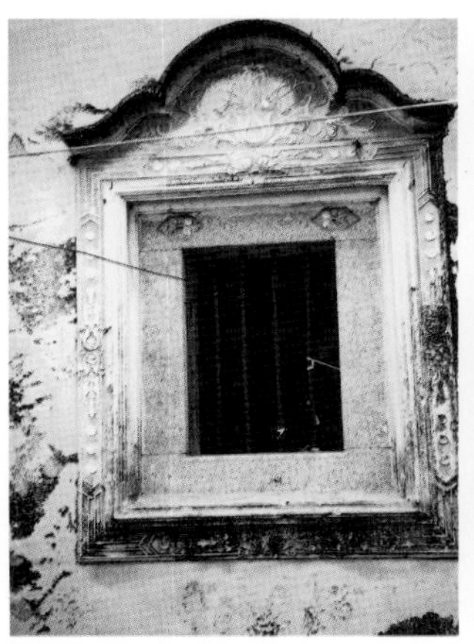
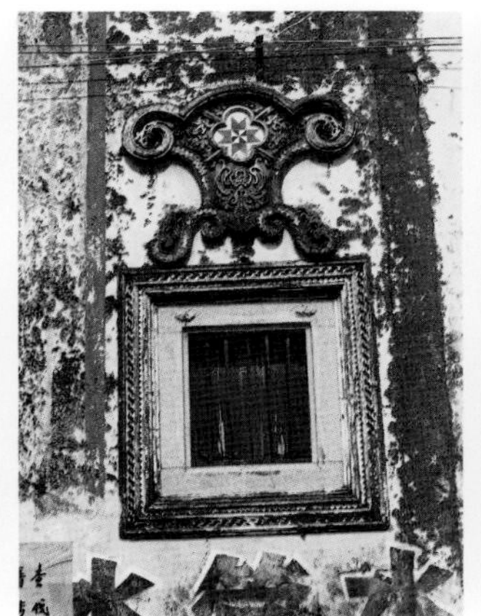
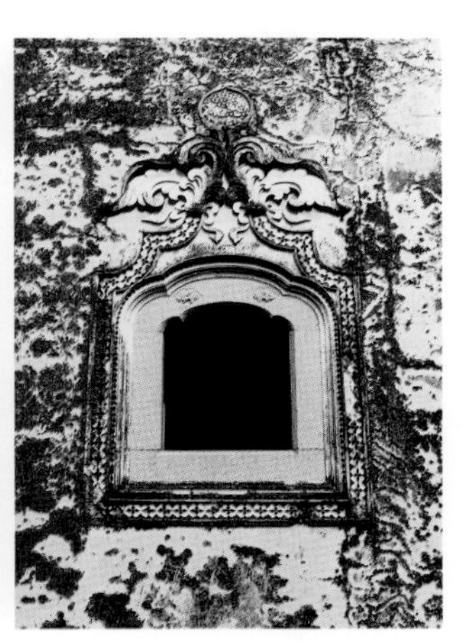

◆ 陳氏大宅的窗大多數用西式的裝飾。其圖案花紋非常講究，款式多變，令人目不暇給。戶內的窗戶一般用木架和木雕裝飾，外圍配以浮雕、瓷磚；而外牆的窗戶，多用花崗岩和圓形鐵枝作框架，四周再用浮雕和瓷磚花紋圖案配襯。

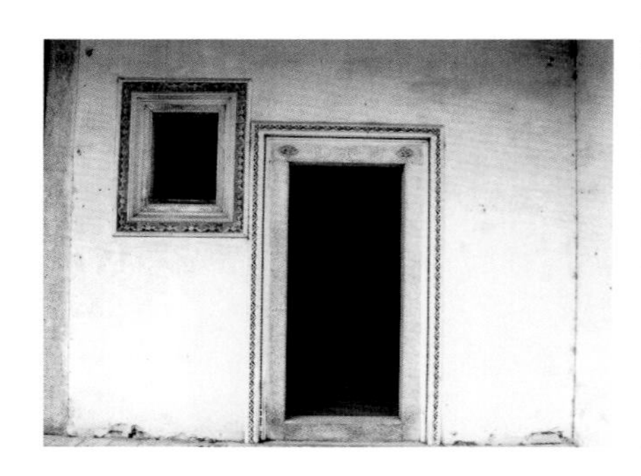

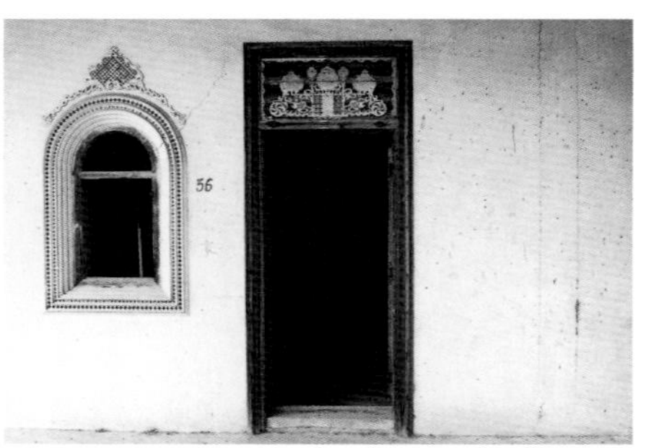

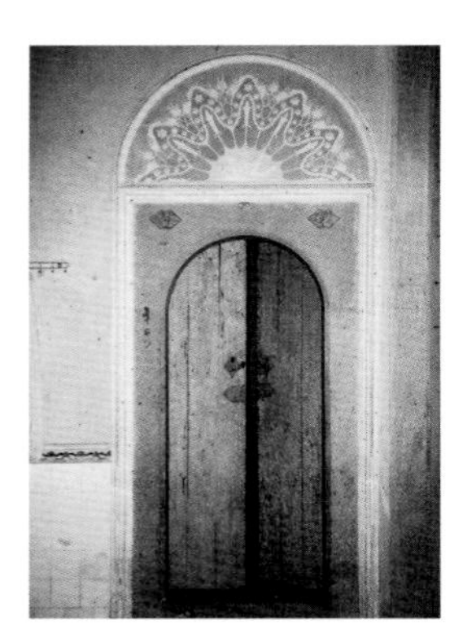

◆ 陳氏大宅門的設計和裝飾與窗基本用同一格調和物料，但圖案花紋卻千變萬化，充分顯示了建造者設計心思的精妙。其中右下角圖的門，中間有廣東典型的“木趟櫳”，這種設計非常適合廣東炎熱的天氣。若把木趟櫳拉上，既能起到關門的作用，又能通風透光。

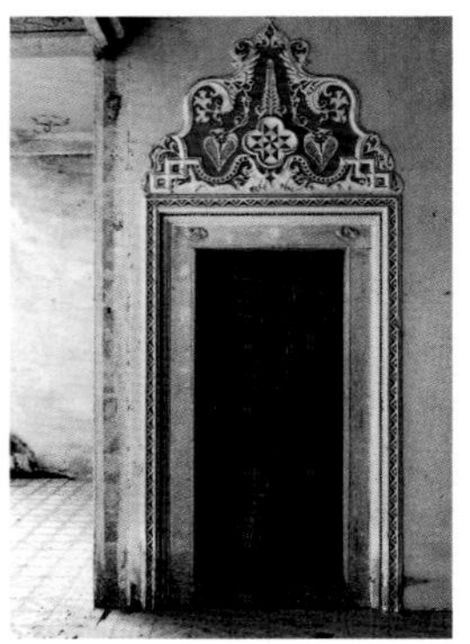

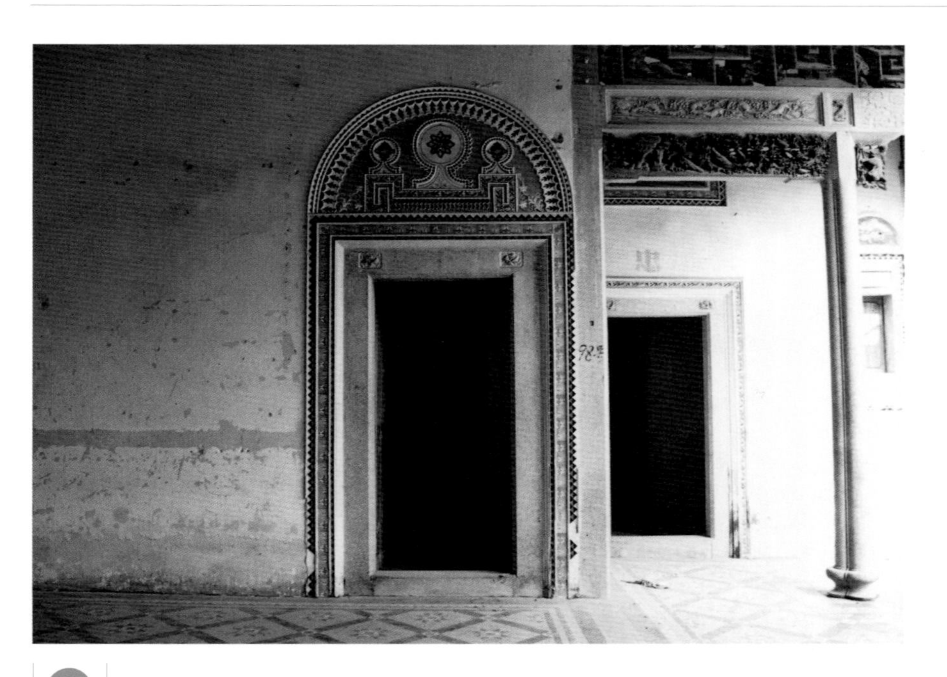

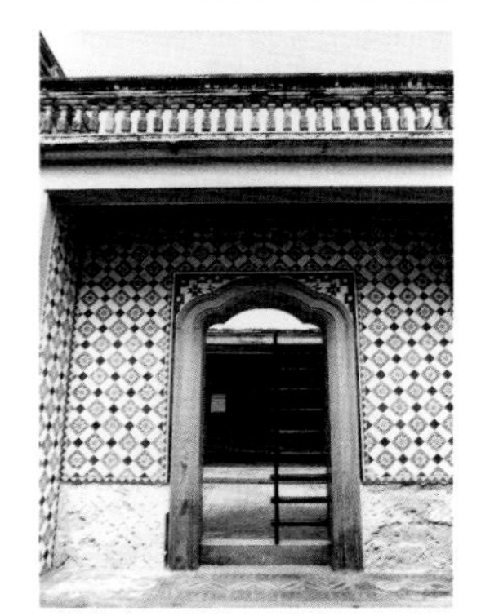

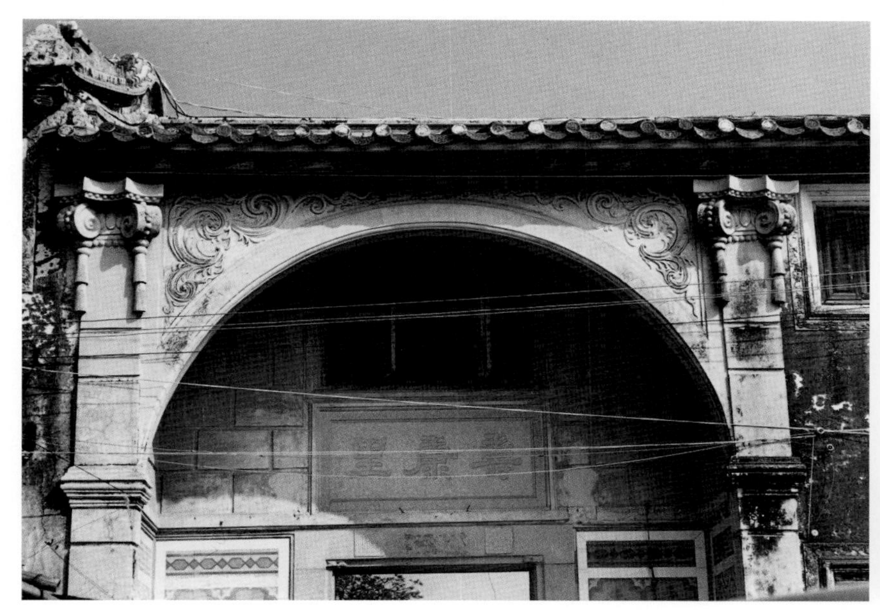

▲ 中西合璧的大門頂部結構。中式的琉璃瓦屋檐下是西式的半圓形的拱券柱結構。

▲ 大宅的部分平頂結構，用經改造的方形羅馬大柱作角柱。在直檐之下，用大量的浮雕和帶圖案的瓷磚作裝飾，與柱頭、柱身的飾紋配合得很調和。

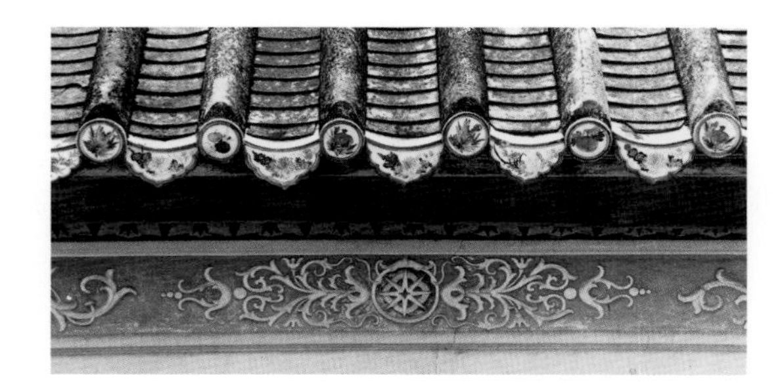

▲ 大宅的一些屋檐琉璃瓦，有艷麗的彩繪。屋檐之下，有精美的西式圖案。這類彩繪和圖案各有式樣，甚少有雷同。

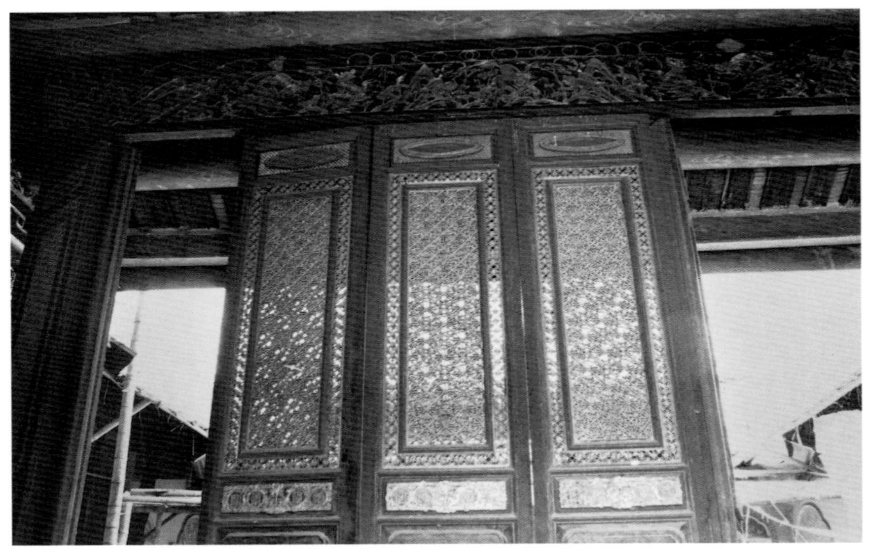

▲ 典型的中國傳統屏風。

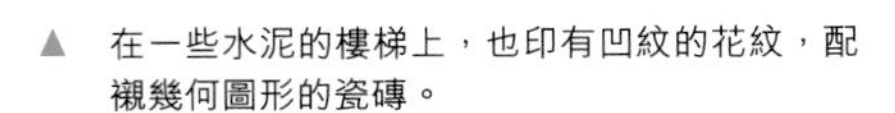

▲ 在一些水泥的樓梯上，也印有凹紋的花紋，配襯幾何圖形的瓷磚。

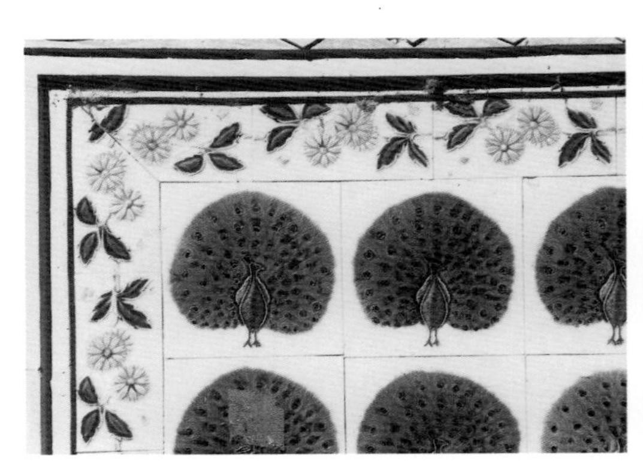

▲ 菊花和孔雀瓷磚細部。

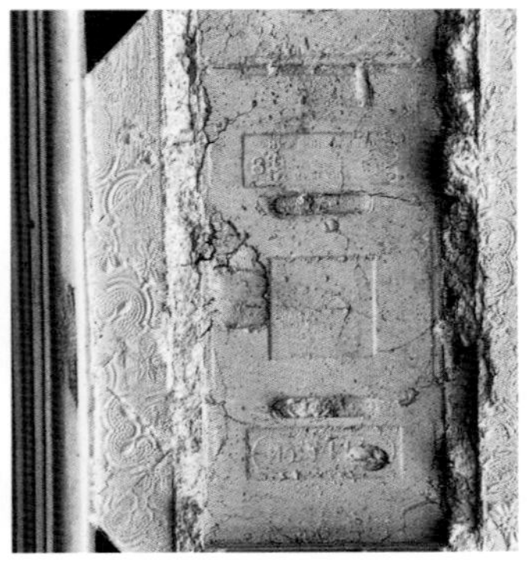

▲ 在一些瓷磚脫落的牆上，可以看到原瓷磚留下帶有泰文的字樣，可見陳氏大宅所用的建築材料，部分來自東南亞。

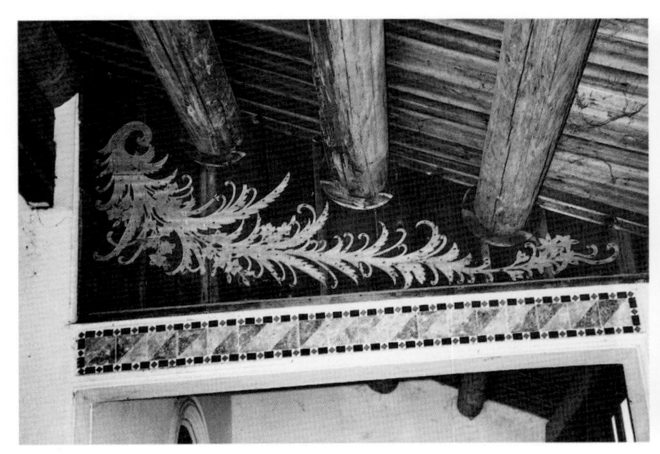

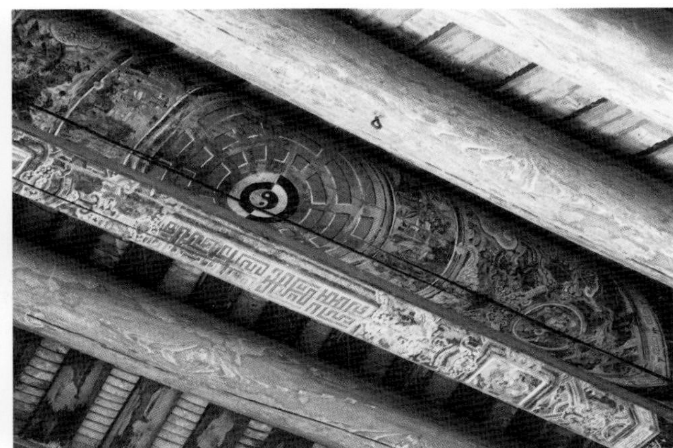

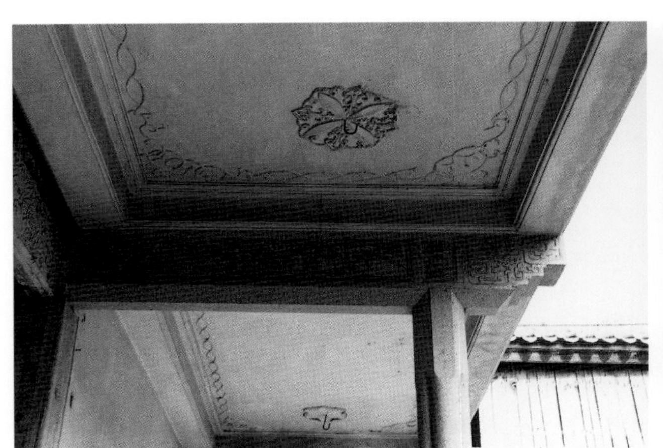

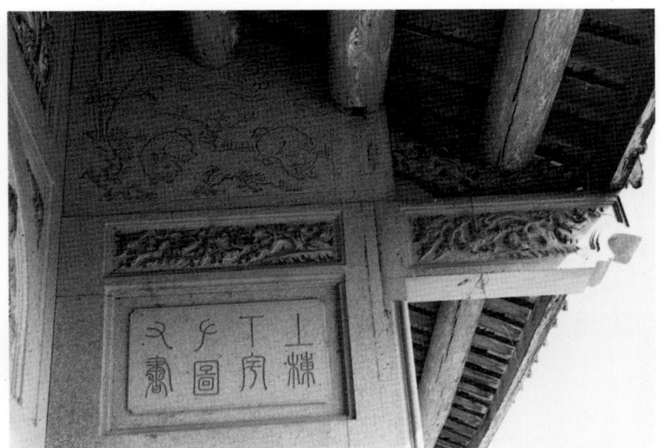

◆ 這些樑、枋、雀替等的裝飾細部，盡顯中式的風格。右上圖正樑上的八卦與兩旁的彩色繪圖，畫工十分精細，堪稱為樑上繪畫的傑作。

四・公用性的中西合璧建築

在中國傳統文化中，對舉辦有利於社會的公益事業一向是加以讚許的，俗稱之為“做善事”。隨着僑鄉的發展，海外華人對興辦故鄉的公益事業越來越熱心。這種風氣的形成，促使僑鄉的社會面貌發生較大的改變。

廣東海外華人在家鄉興辦的社會公益事業一般為建學校和圖書館、辦醫院、育嬰堂以及修橋、建路等等。他們往往模仿外國的式樣來創辦這些公益事業，希望以此改變家鄉的面貌。所以，我們看到海外華人興建的公用性建築，大都是些帶有中西合璧風格的建築。如位於台城的新寧鐵路辦公大樓、台山一中教學大樓、開平市的關族圖書館和司徒氏圖書館等等。最值得一書的是開平市荻海的風采堂和風采樓。

風采堂（全名為“名賢余忠襄公祠”）和風采樓建於1906-1914年，是海內外余姓子孫為拜祭著名先祖余靖而建的祠堂和洋樓，一共佔地5364平方米。（開平縣華僑博物館　1989：20-21）

據調查，風采堂建築是由當地的工匠參照西洋建築式樣自行設計和興建的，沒有什麼特別的教條約束，所以中西溶合的手法非常自然，亦中亦西的格調特別明顯。它的主體部分，是一間三座三進十五廳院的大型建築。中間三進，兩邊有長廊，各廳院之間有直巷相連，形成既獨立又相通的佈局，是中國傳統“四合院”的格局。建築內部結構非常勻稱、嚴謹，繼承了中國宗祠建築結構的特色。（梁曉紅　1994：6；實地調查資料）

從外觀上看，風采堂基本上是中式風格的祠堂建築。高大而有氣勢的正門，石獅、雕花樑柱和鼓台一應俱全。而最有特色的是十八列方耳封火山牆，造型和排列都非常奇麗，打破了傳統祠堂千篇一律刻板的外形。

在裝飾方面，風采堂外觀的細部滲入不少西方風格的元素。特別是兩翼進入直巷的門，中西風格混合的手法非常明顯。頂部是西式山花，往下接着是中式的小挑檐和中國山水畫，然後在匾額題字的四周，又有西式風格的裝飾。

如果説風采堂的外觀以中國傳統風格為主，那麼它的內部裝飾則是大量採用西方的元素，並與中式的元素巧妙地結合在一起。堂內的柱多為科林斯式，柱頭裝飾普遍用希臘、羅馬式的花紋，而柱基則用中國古典式的式樣。頂部的結構，既用中式傳統的木架橫樑和瓦筒，又採用古羅馬拱券柱形的結構承托，橫樑與牆相接的部位，不用中式斗拱而用西式圖案的短柱。

大堂與天井之間有一個八角形的軒，有鐵鑄的柱、花罩和琉璃瓦的屋頂，在這裏建造者採用中西溶合的特色更加明顯。令人很難清楚辨認哪些是中式，哪些是西式風格的裝飾手法。

風采樓在風采堂的後面，是供回鄉拜祖的人聚會和休息用的地方。圖則是聘請西人繪畫，所以風格與前面的風采堂完全不同。從立面來看，基本上是以文藝復興與巴洛克的方式設計的四層洋房。有圓弧狀的廊道和穹窿頂，下部用四柱組合的支撐，頂部設有雙重山花等等。但有趣的是，風采樓的正面山花沒有西式的圖案或浮雕，而用了中文“風采樓”的題字，旁邊有中式的小挑檐裝飾。從風采樓的平面設計可以看出，它的內部結構是按照建造者使用的要求而決定的，基本上依照中式的佈局——中廳廂房的方式處理。（同上注）

風采堂和風采樓一前一後、一高一低，外觀一中一西，相映成趣。它是僑鄉中西合璧建築中極具新文化象徵意義的代表。我們從它的建築年代可以看到，它出現於二十世紀初年，早於“五四運動”，因而在文化上反傳統的意義顯得特別深遠。

中國自宋代朱熹等理學家出現以來，逐步完成了平民宗族的體系設計，其中宗祠的建築和拜祭的方式都有嚴格的規定。雖然風采堂和風采樓從大的佈局方面看，仍然是按傳統的意念為主導。除了運用傳統宗祠的正門裝飾之外，建築物前面是一個開闊的廣場，再前便是茭江，建築前低後高，體現了中國傳統建築應用“前景開闊”、“水為財”和“後有靠山”等風水學原理。但是，風采堂和風采樓大量使用西方建築元素，特別是在大堂內部的結構和裝飾，其西化的程度十分明顯。若按中國禮制文化傳統，在祖先神位的四周，一般用傳統的花罩裝飾，而不能隨意作花巧擺設的。因此，這種西式的裝飾，屬於“離經叛道”的行為。另外，雖然在風采樓上，供有余靖的塑像，但它的主要用途是給拜祭者使用的，並非像中國傳統建築那樣，重視供奉祖先的靈位的設計，把它放在建築的重心部位，用途非常專一，以象徵祖先地位的神聖。而風采堂和風采樓這個設計安排，反映了海外華人以人為本思想的抬頭，是中國近代宗祠建築受時代影響而改變的突出例子。

從風采堂和風采樓建築我們亦非常清楚地看到，近代中西合璧建築的興起，並非對中國傳統建築的否定，而是一種革新。中國傳統建築的元素在中西建築中亦得到發展。風采堂極具特色的十八列封火山牆，就是以中國傳統馬頭牆為基礎，結合當地祠堂建築的方耳山牆的式樣而設計出來的。中國傳統四合院的結構亦在改造中得到發展：風采堂兩邊的廊變為兩層，使整體結構顯得更加嚴密，而中部的單層結構，又使主要的廳堂獲得足夠的高度，從而加強了它的氣勢。

文化屬於一種集體的記憶，所以要成為一種文化，首先要有一定數量的人的認同和記憶。僑鄉公用性中西合璧建築所反映的僑鄉民眾及海外華人中西溶合的文化取向，肯定比單獨的中西民居建築大。所以，從某種意義上看，公用性的建築能從更廣闊的角度，反映僑鄉中西文化的溶合和僑鄉社會近代文化的轉變。

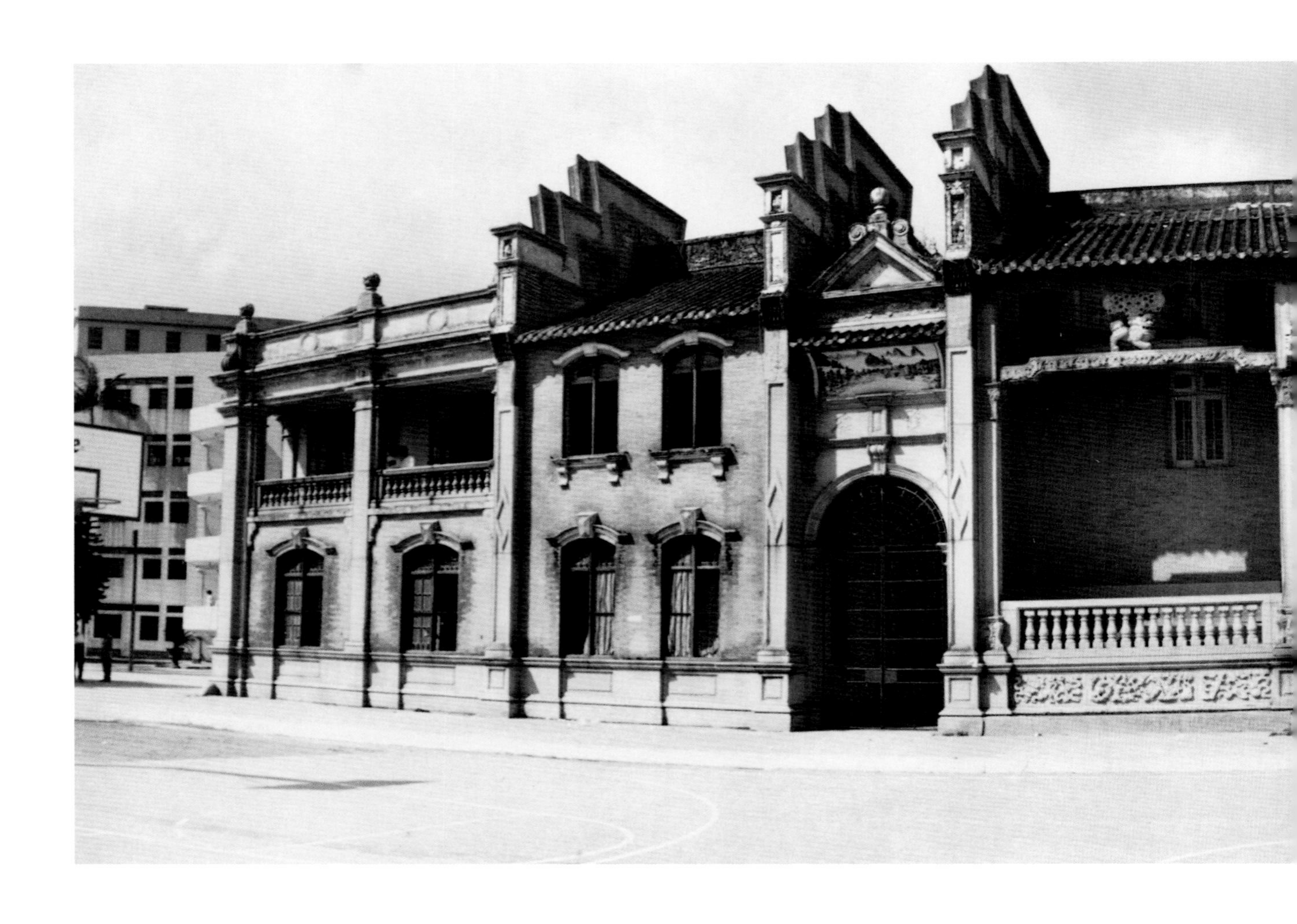

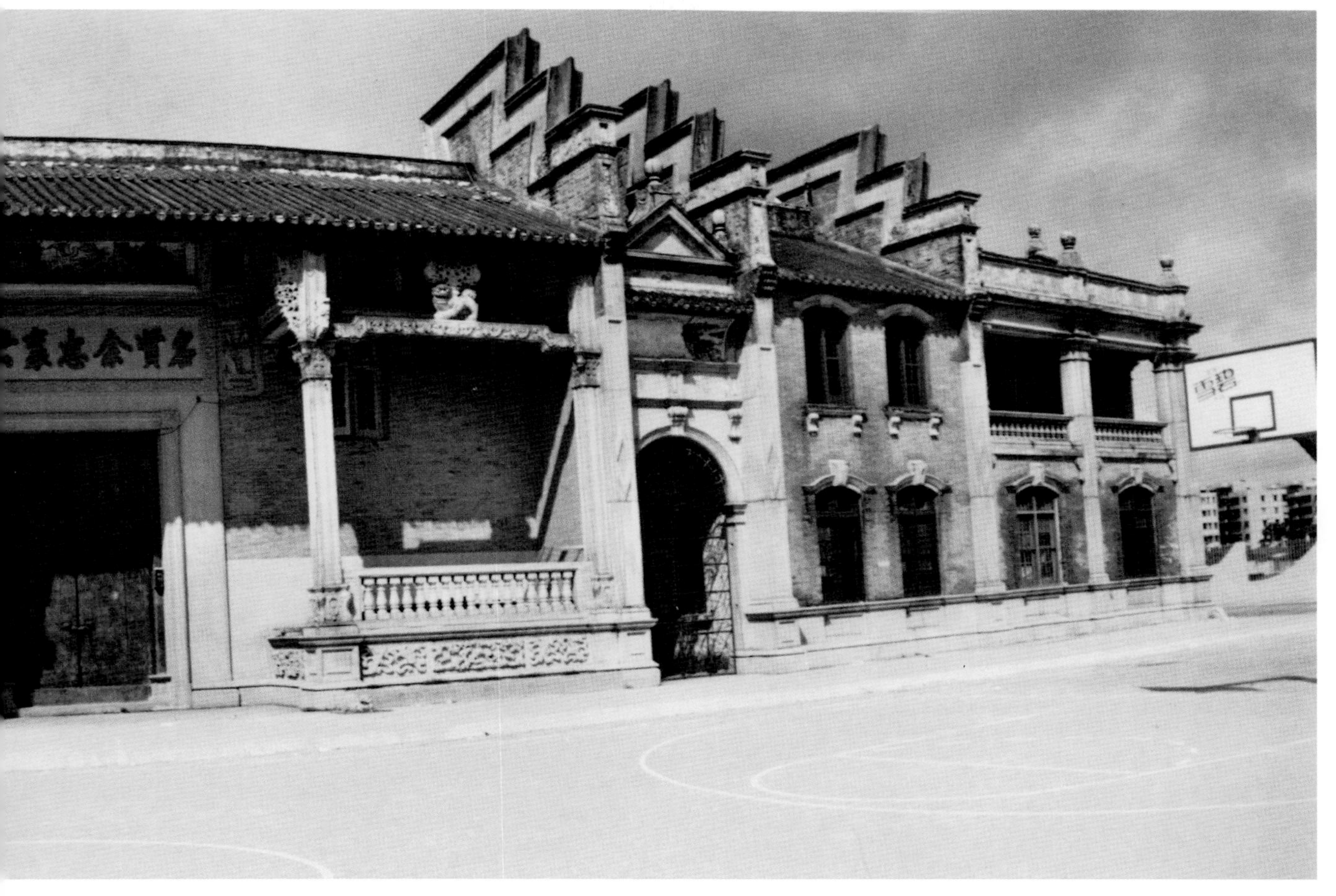

▲ 風采堂正面全景。中部為典型的中式祠堂建築，硬山頂、封火牆、飛檐，高大的對開中門，門上有堂號題辭、壁畫，左右是鼓台和大柱，有大量象徵吉祥如意裝飾。東西兩翼的門和窗的裝飾、結構已明顯運用西方建築的式樣。但由於中式部分所佔的比例大，所處的位置十分突出，十八列方耳封火牆氣勢非凡，加上立面均衡、對稱的佈局，使風采堂從外觀上看，還是一座以中式為主的建築。

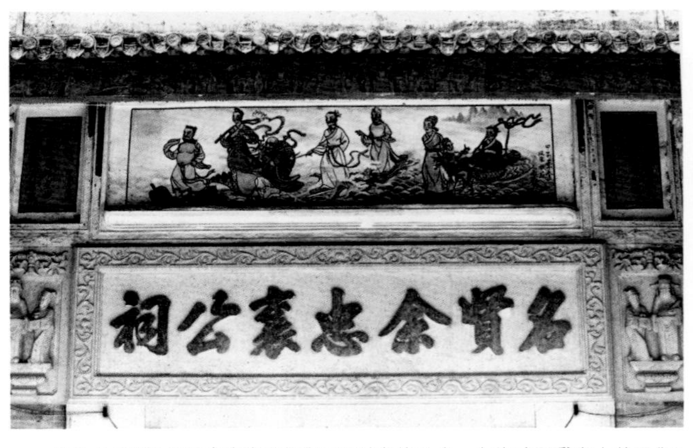

▲ 正門上方的“名賢余忠襄公祠”是風采堂的全名。在堂號題辭之上的是“八仙過海圖”。

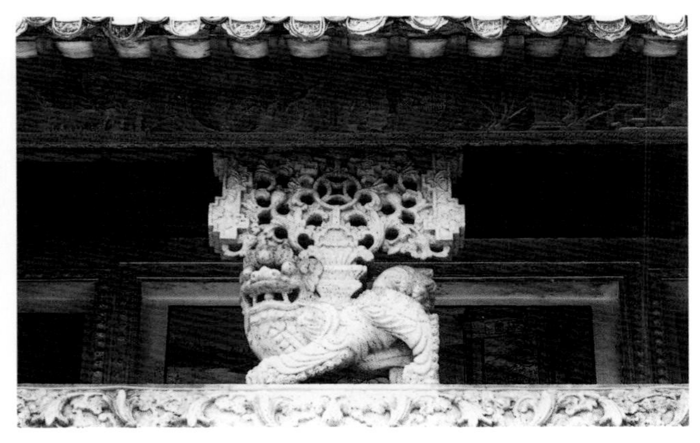

▲ 鼓台上方的獅子金錢隔架科斗拱石雕栩栩如生。

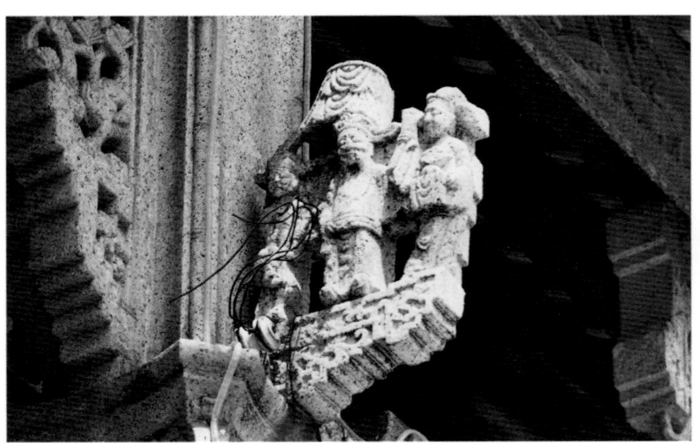

▲ 正門石柱上的雀替所用的“福祿壽”圖是民間喜愛的吉祥圖象。

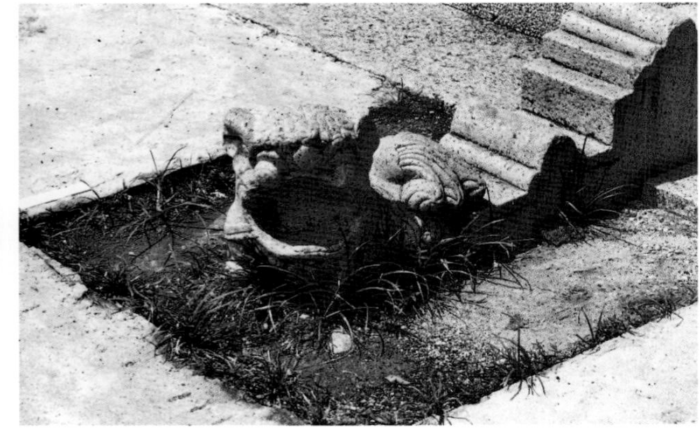

▲ 正門台階垂帶上的石獅，是嶺南傳統大型建築門前的傳統雕飾。

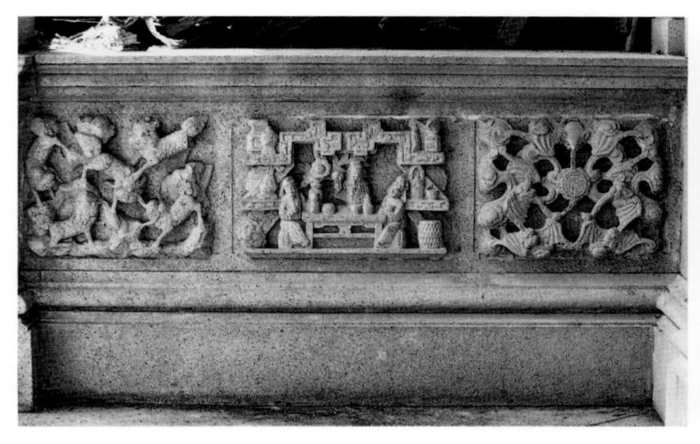
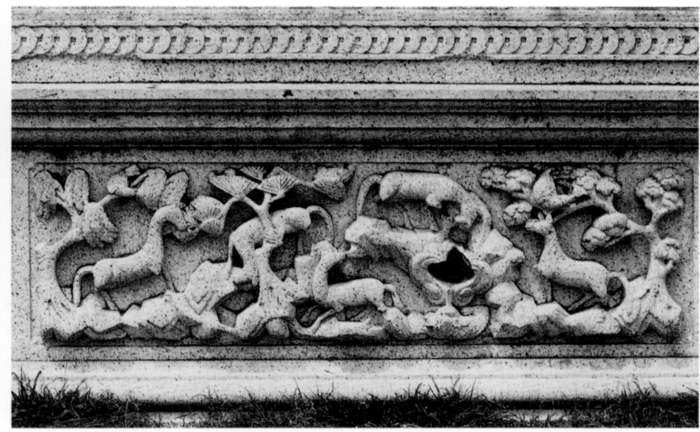

◆ 石砌鼓台基部的裝飾浮雕亦十分精細。

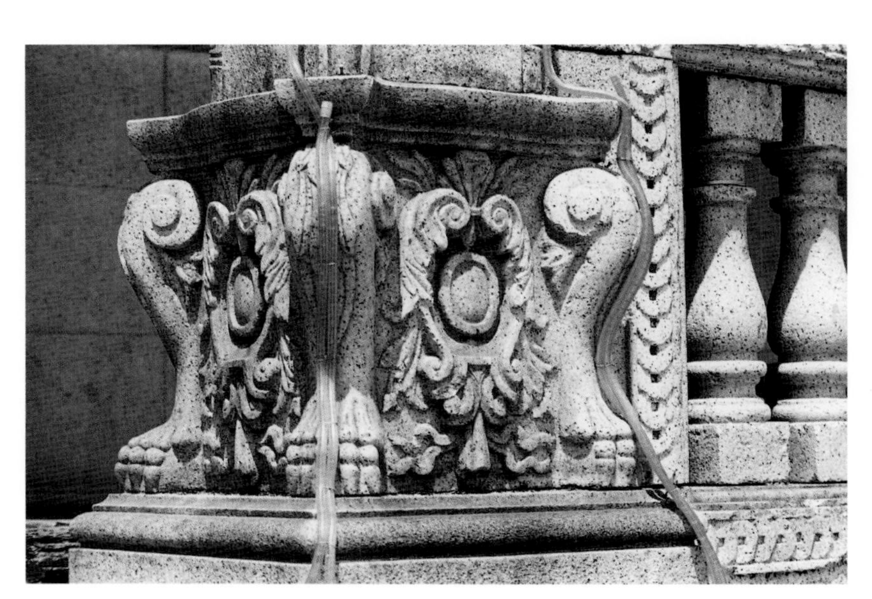

▲ 正門石柱礎的雕飾運用西式獅爪等圖案花紋，突破了中國傳統柱礎簡樸的造型。

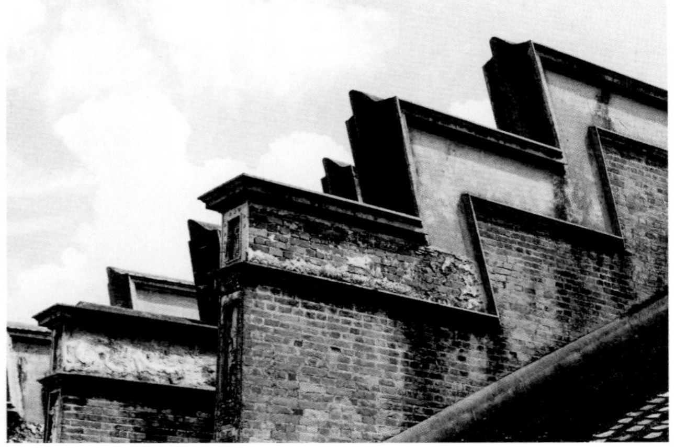

▲ 風采堂的封火牆，基本上採用廣東三級平台式的方耳山牆的模式，但在第一、二級卻略加改動：把90度角改為75度，使原來平板的直角變成帶翹首的鋭角，給人以直指雲霄的動感。

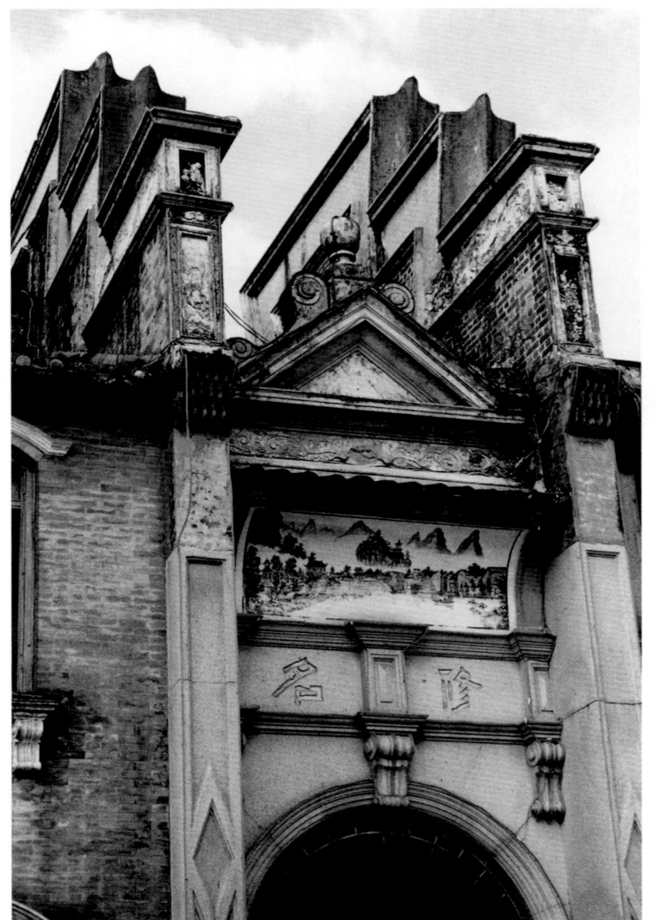

▲ 風采堂直通長巷的門，是典型的中西建築風格的混合物。頂部是帶雕刻的西式三角形山花，下面用藤蔓卷葉狀的圖案與完全中式的小挑檐和山水壁畫相連；再往下的中文題辭“修名”四周，又是西式的圖飾，然後才過渡到西洋風格的拱券門。而門邊的裝飾，頂部用中式的假斗拱和浮雕圖案，緊接的是帶西式風格的長方加菱形的柱形圖案，亦可謂亦中亦西，渾然一體。

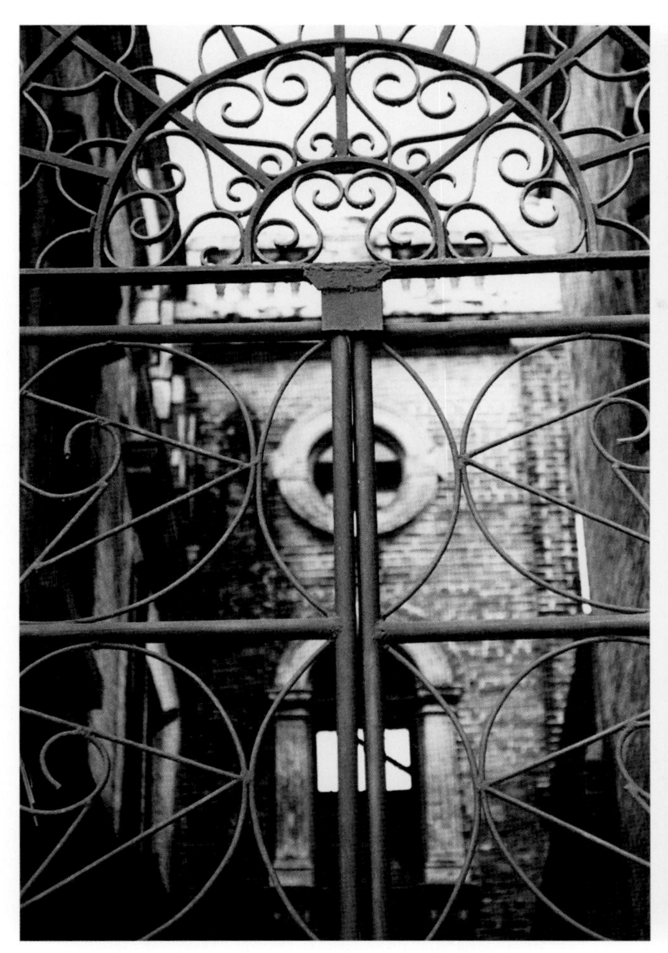

▲　直通長巷的鐵鑄門，其花紋圖案是典型的西方格調。

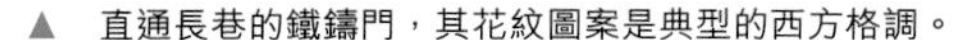

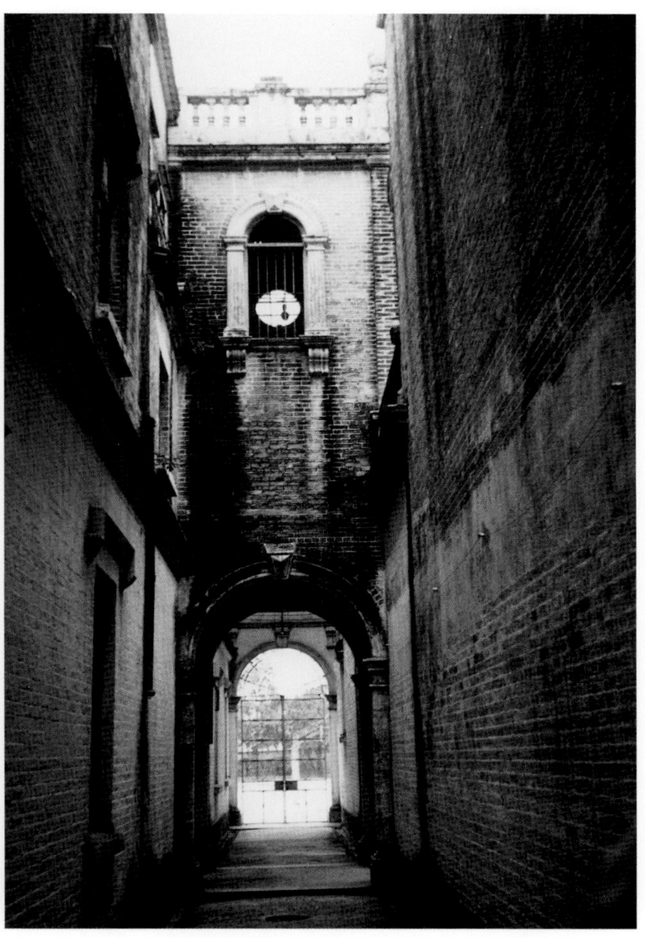

▲　直通長巷的中部有飛閣把邊翼與中部主體的祠堂建築相連。雖然大面積的磚牆結構與中國四合院的房子有相似的地方，但它西式的拱券形門、窗結構卻顯示出它中西合璧的建築風格。

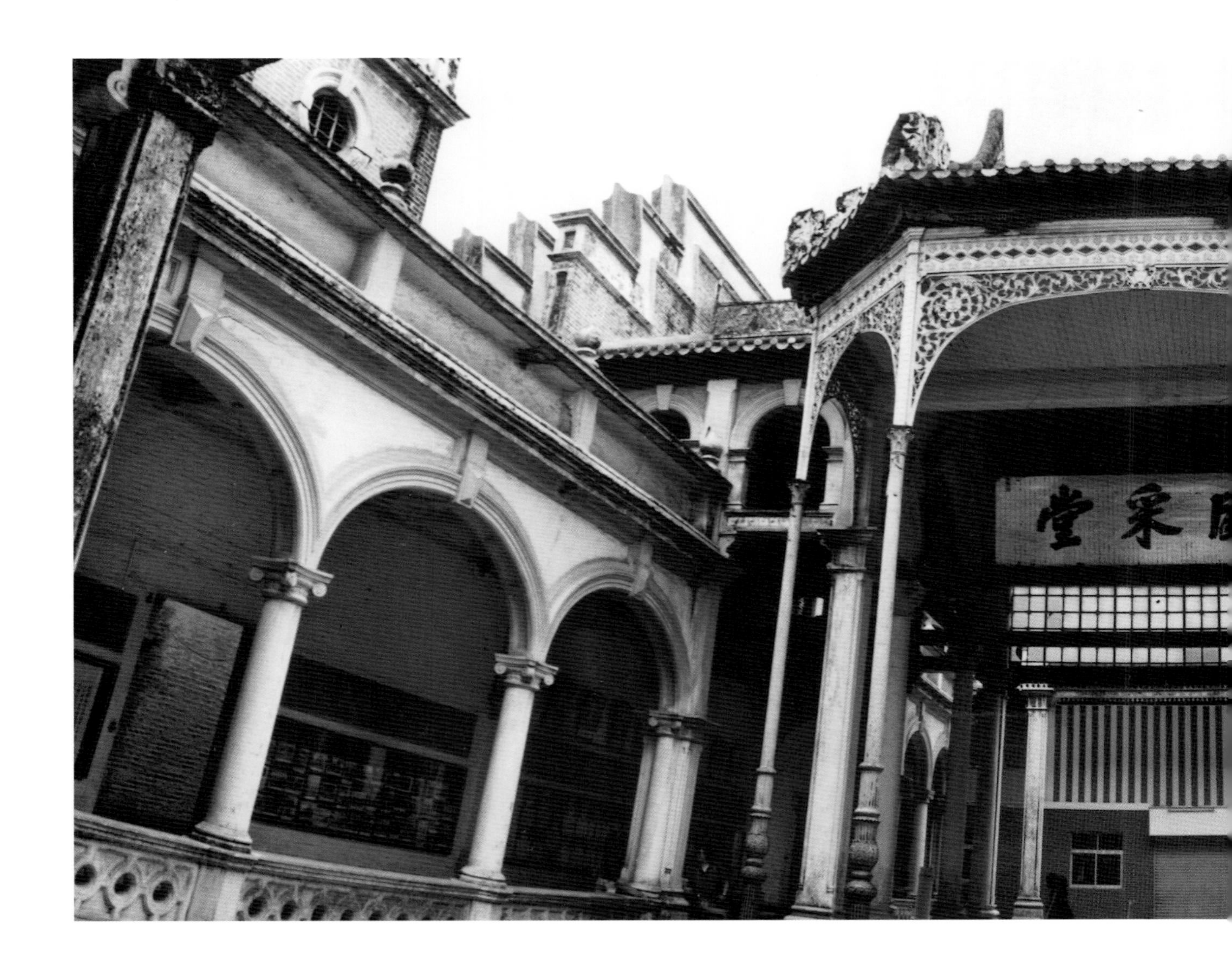
采堂

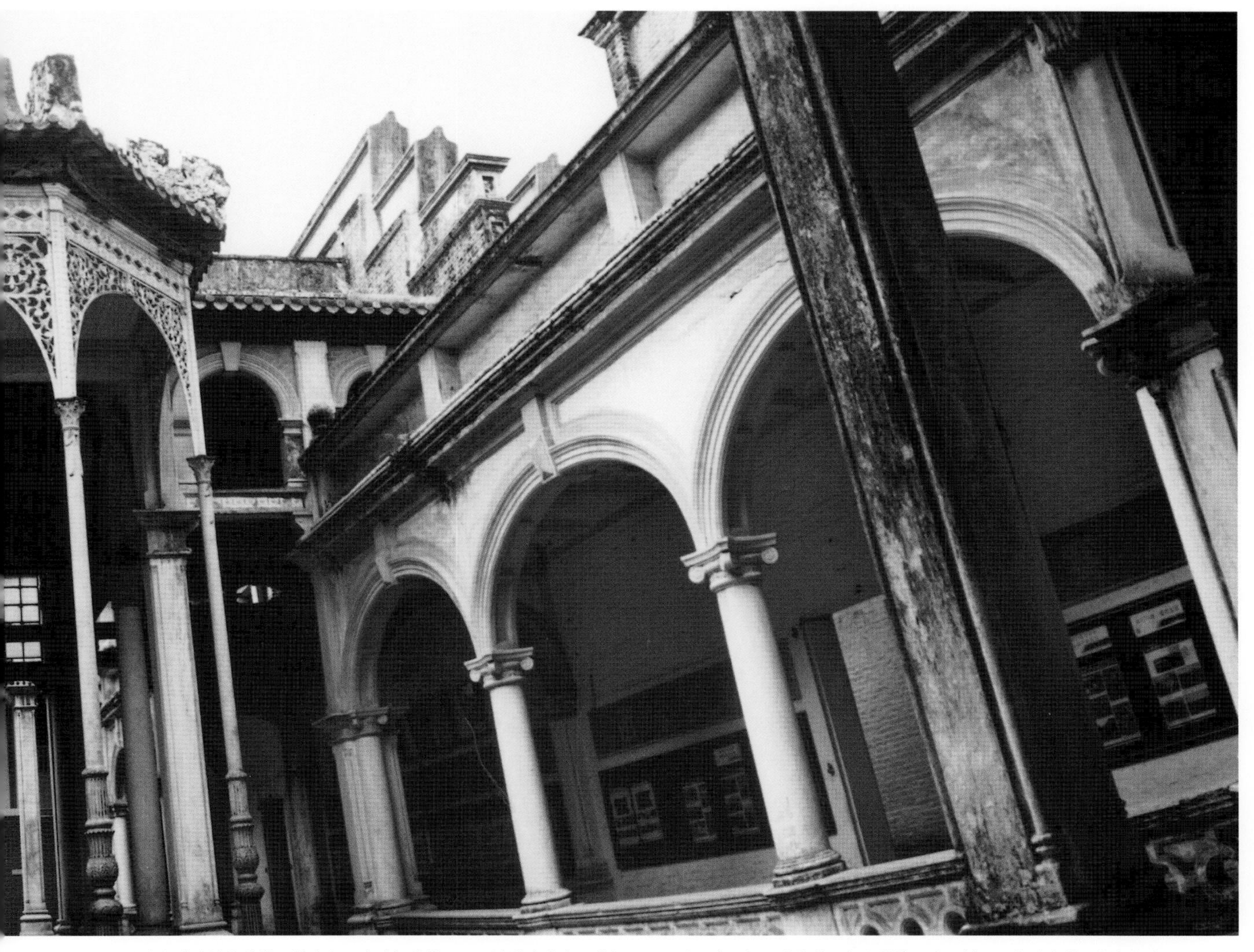

▲ 風采堂主體建築的結構，基本上是中式祠堂格局：兩進的大廳由天井相隔，兩邊是廊，但是建築的細部和裝飾卻大量採用西方的式樣。拱券柱廊和圓形鏤雕的矮欄杆使兩廊非常西化，但在中廳前的八角形軒卻用四根鐵柱和花罩承托，又使人覺得建造者在顯示他並非全盤西化。

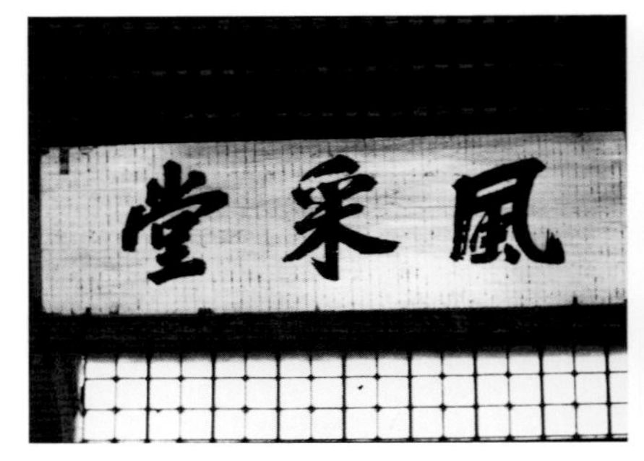

▲ 八角形軒裏的“風采堂”題辭，用時下流行的馬賽克作襯底，顯然是經現代人修改的結果。

▲ 八角形軒花罩細部。

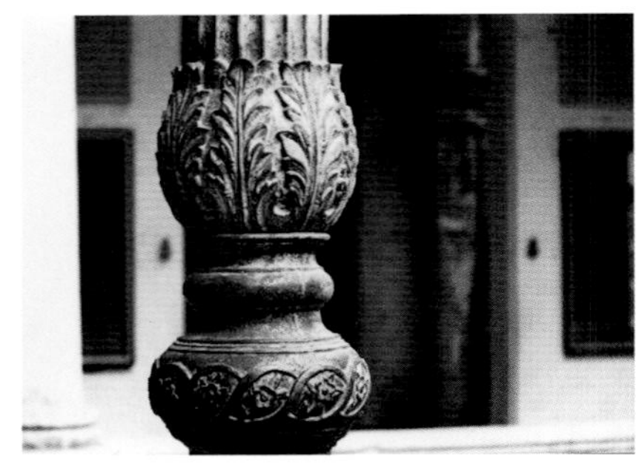

▲ 八角形軒鐵柱細部。

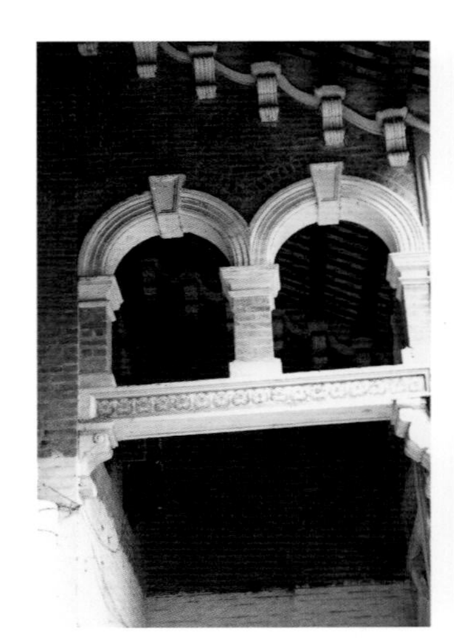

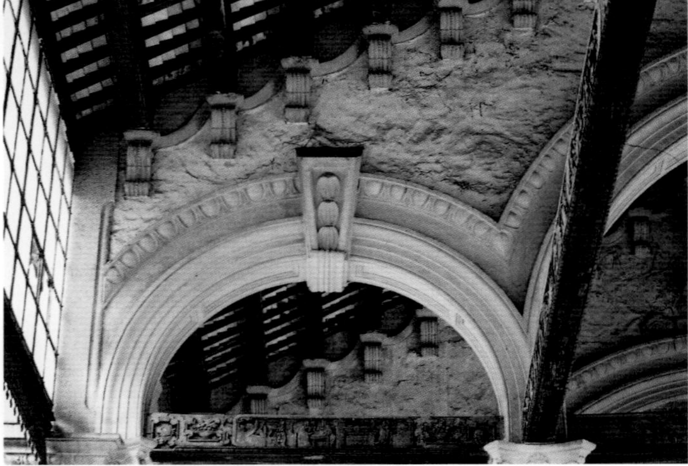

▲ 用典型的西式的券柱結構和中式的橫樑結合，作為大廳頂部樑和椽的承托。

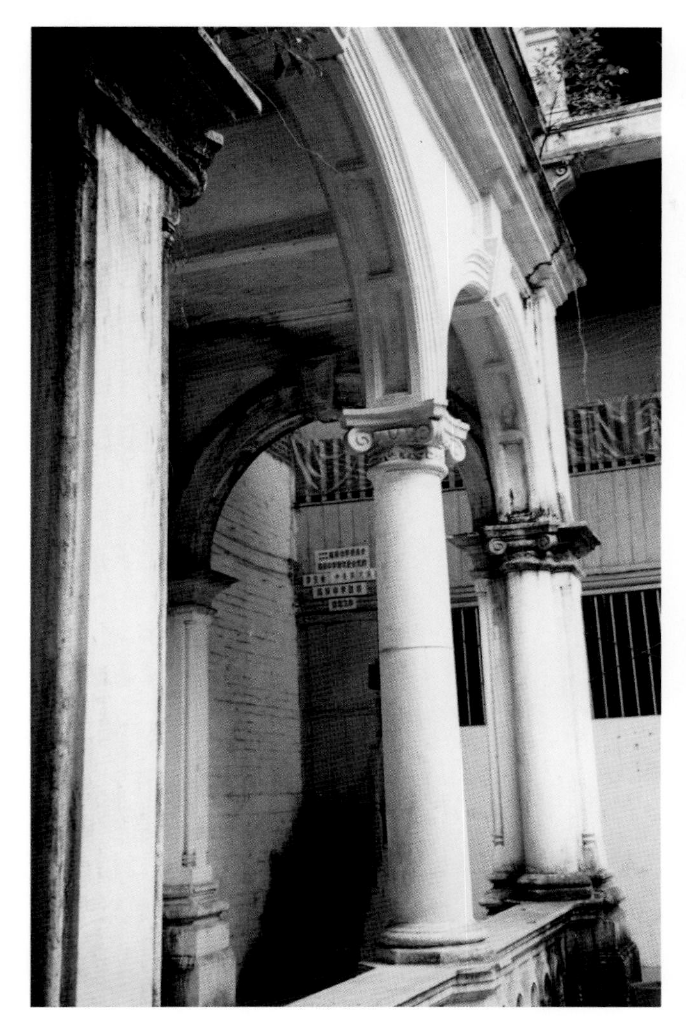

▲ 以古羅馬愛奧尼式和科林斯式混合形的大柱，作為走廊欄杆結構的支撐。

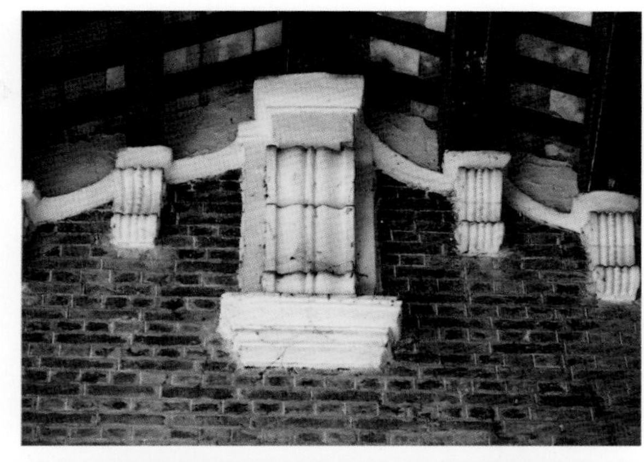

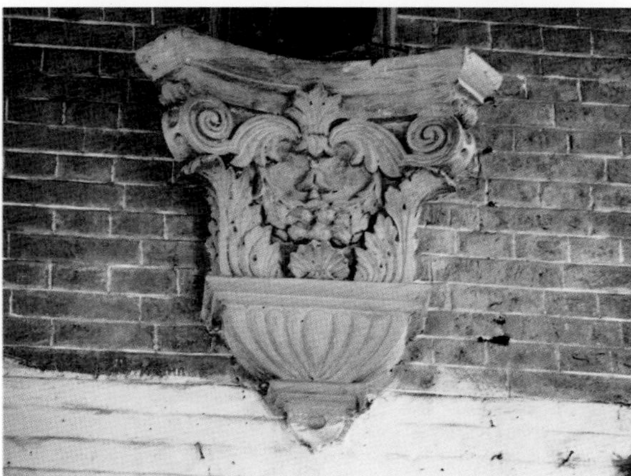

◆ 承托頂樑的西式短柱。

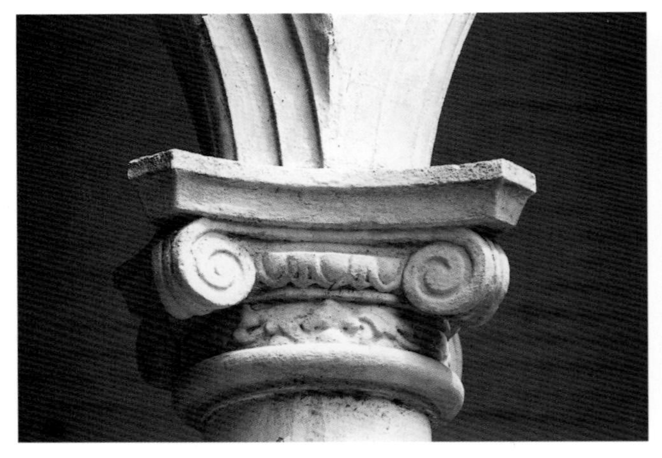

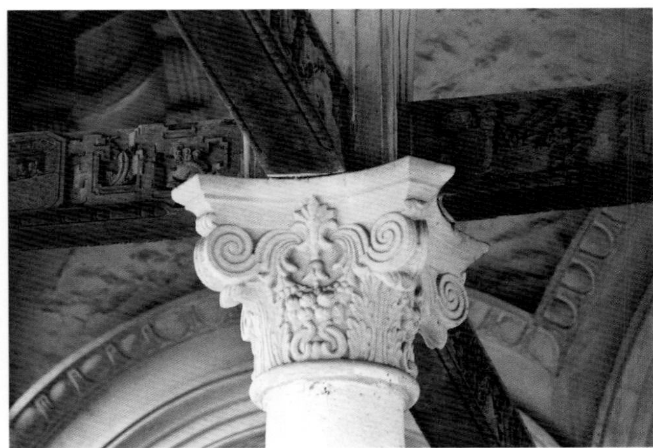

◆ 古羅馬混合式柱柱頭裝飾細部。

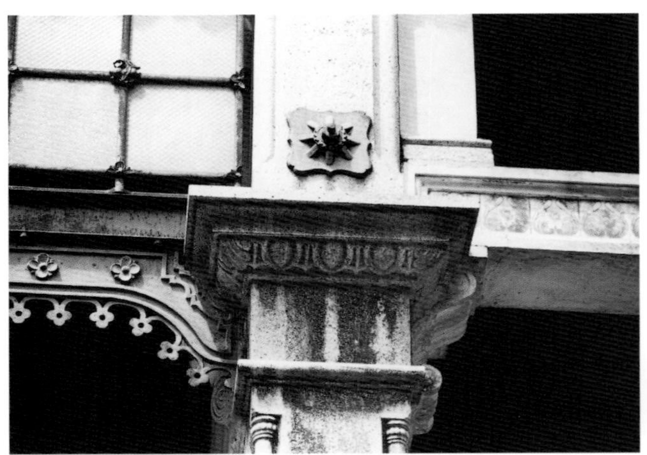

▲ 風采堂在運用現代建築材料方面十分前衛。圖中可見工字鐵的橫樑、花罩與傳統的石柱交接的細部。

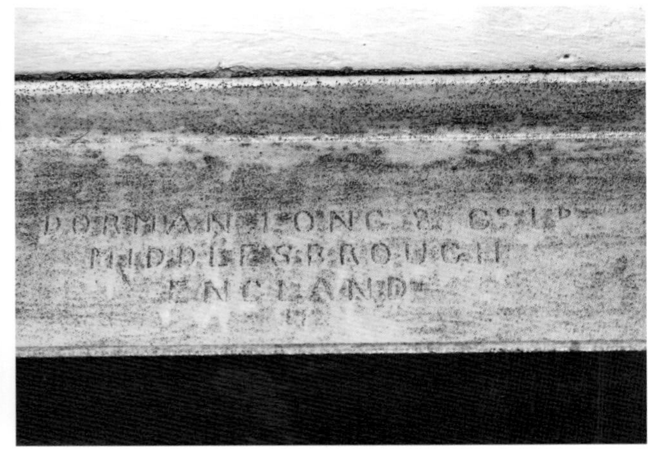

▲ 印有英文公司字樣的工字鐵樑。

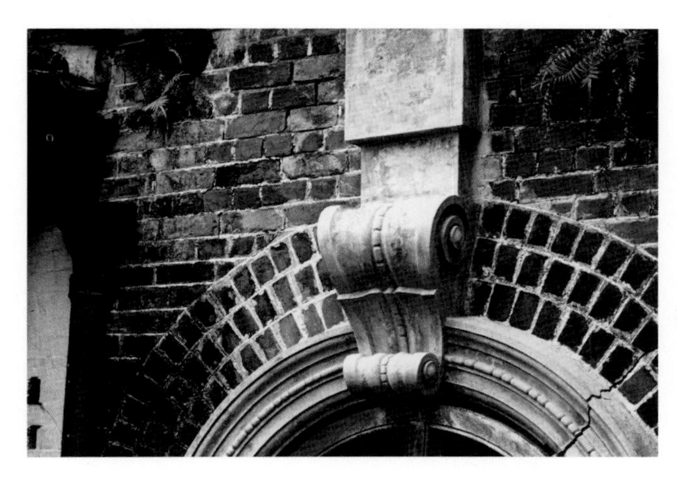

▲ 風采堂的窗戶裝飾亦較多變，大部分採用西式圖案作細部裝飾。

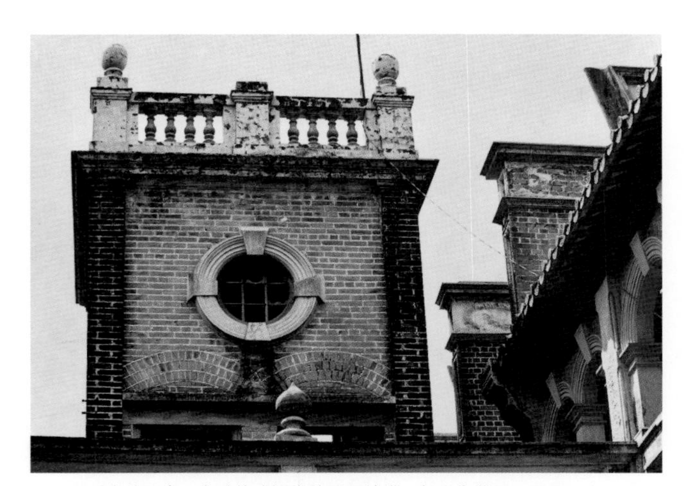

▲ 風采堂的兩廊，突破傳統祠堂的單層結構，部分為雙層、平頂。上層用西式圓形窗戶和方形木窗隔，圓錐球形和瓶式欄杆作裝飾，顯得協調有致。

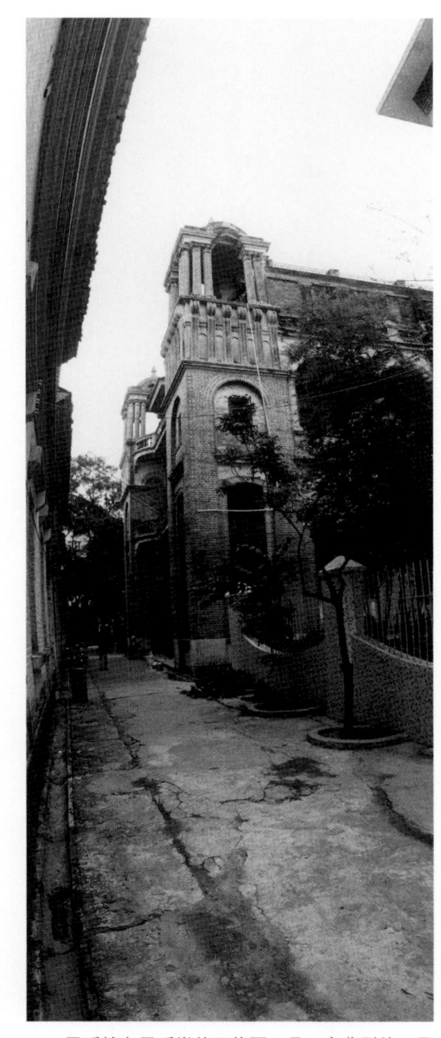

▲ 風采樓在風采堂的正後面，是一座典型的三層西式建築。

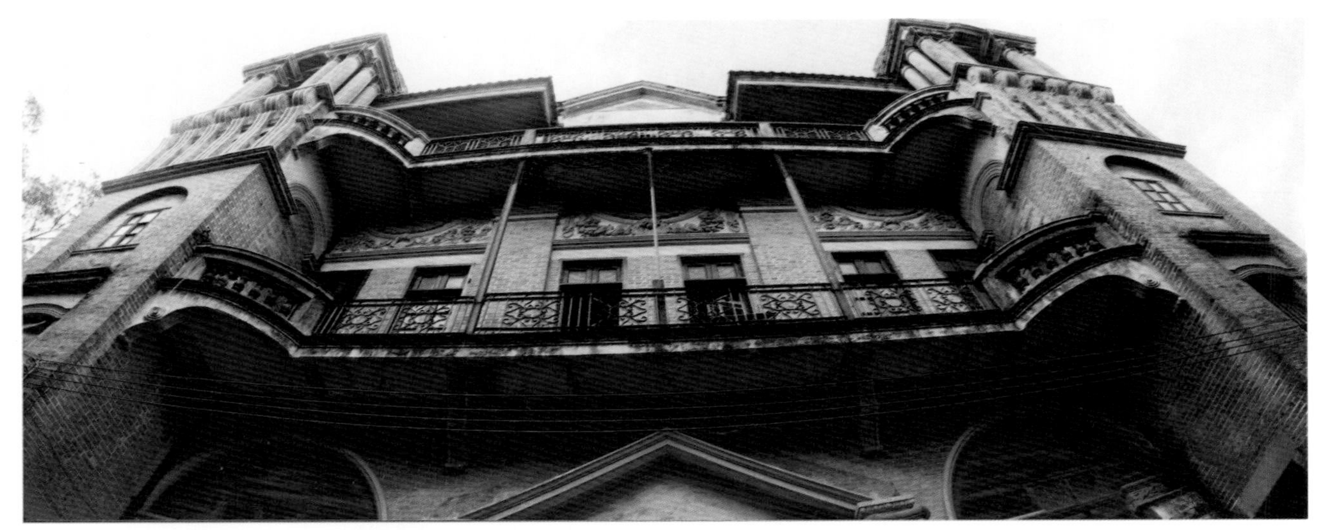

▲ 風采樓正面立面處理手法，是把文藝復興與巴洛克風格融於一體。帶弧形的廊道和塔司干雙柱廊相結合，四柱結合的支撐手法，雙重山花等等充分體現了折衷主義的建築風格。

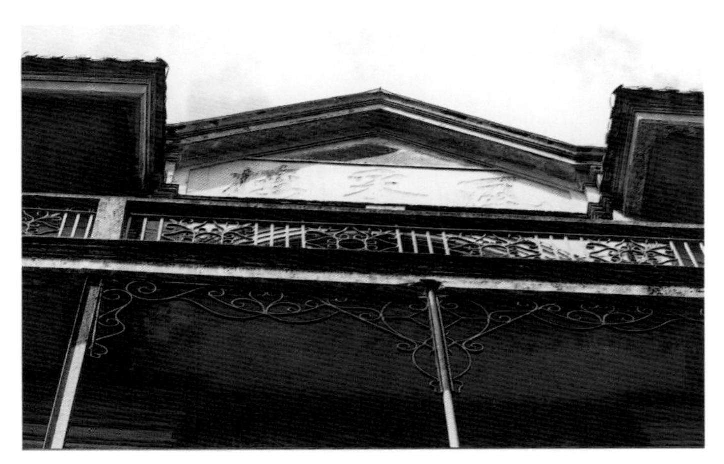

▲ 風采樓的立面頂部的山花內，“風采樓”三字用陰刻的方法處理非常特別。

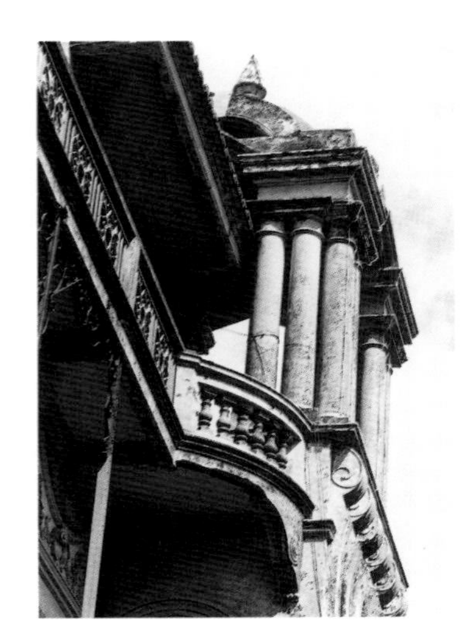

▲ 風采樓正面立面細部。

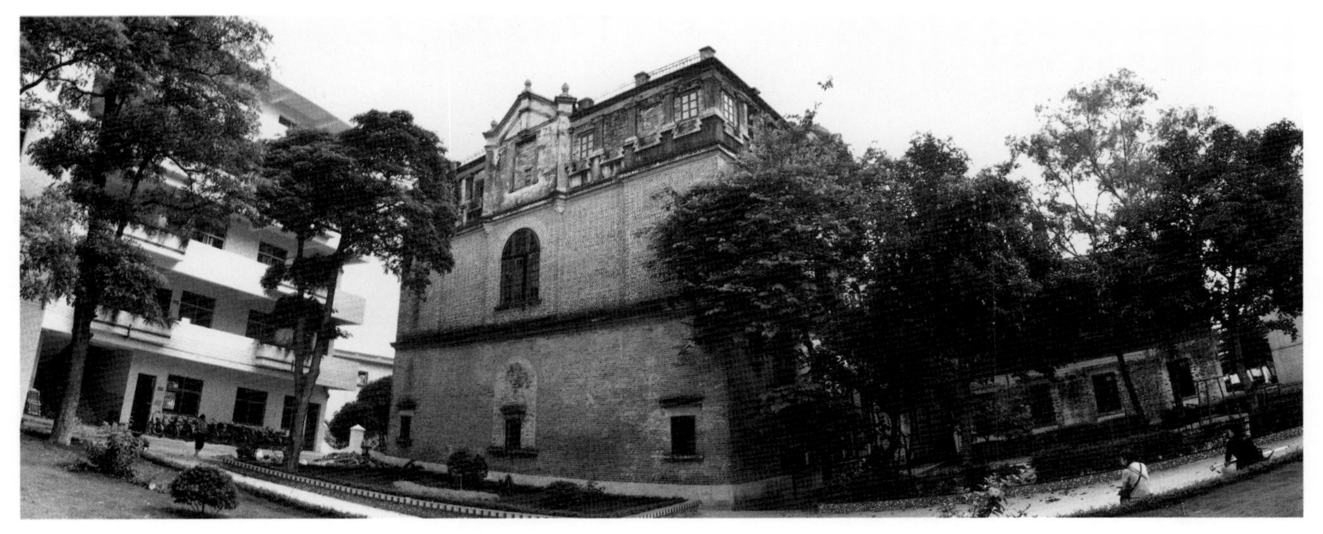

▲ 風采樓的背面，仍可清晰地看到西式的窗戶和頂層券柱、山花結構。

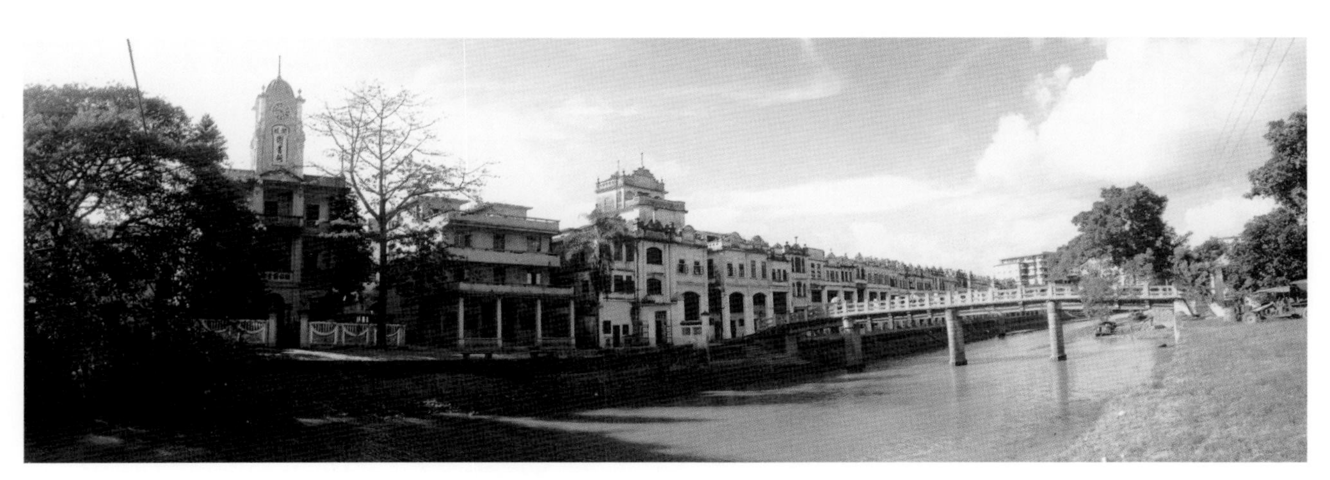

▲ 圖左高聳的建築是開平市關族圖書館。這座位於赤坎西堤河畔帶有文藝復興時代風格的鐘樓建築，於 1931 年建成，頂部的大鐘購自德國。

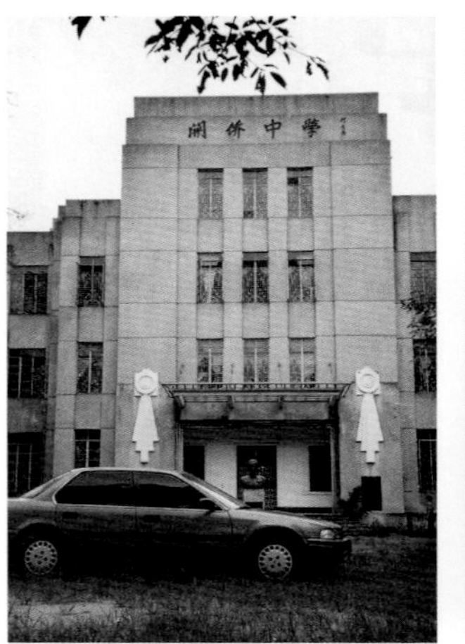

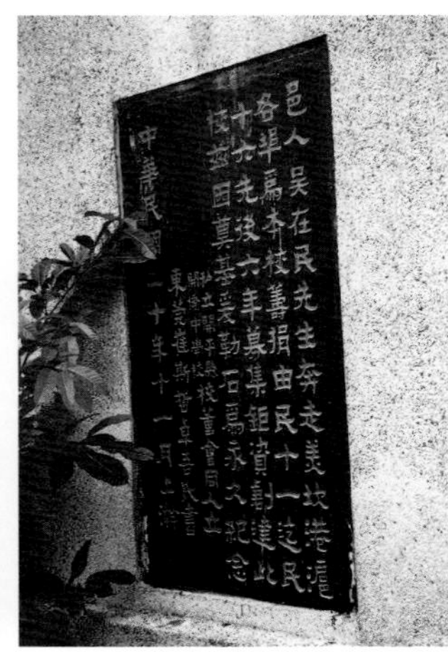

▲ 開平中學奠基紀念碑。

▲ 開平中學位於開平市長沙，校舍於1927年動工，1933年基本落成並開始使用。興建費用主要來自美、加、港、滬的族人。這座大樓的設計基本採用芝加哥式的格調，立面是大量的橫向窗戶，適合作為教室使用。“開僑中學”四字是何香凝女士的題辭。

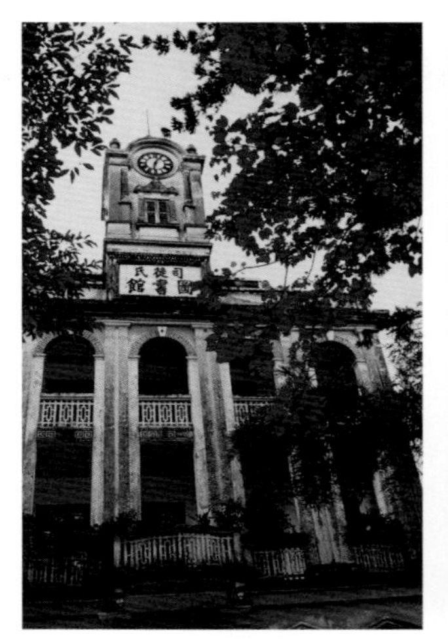

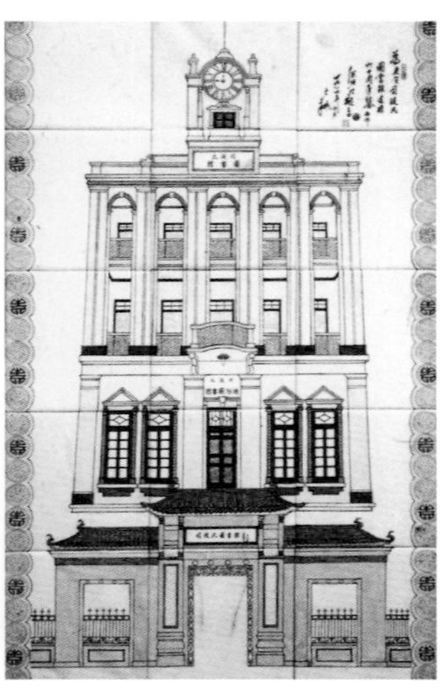

▲ 此圖為司徒氏通俗圖書館立面圖，原作是一幅瓷磚藝術品。底部帶牌樓的中式外院建築為1934年興建，其建築經費亦為美籍司徒氏族人捐助。

▲ 司徒氏通俗圖書館坐落在開平市赤坎潭江堤東，1923年動工，1925年落成開放。創辦人均為司徒氏家族族人，其中不少是美籍華人。頂部鐘樓為1926年加建，據説所用的鐘購自海外，為當時波士頓名牌產品。

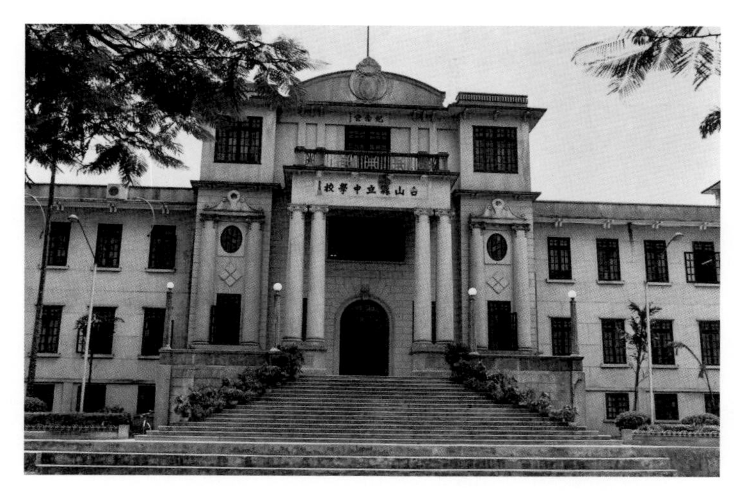

▲ 台山一中創辦於1909年，是廣東現代學校的先驅之一。民國以後在海外華人的熱心支持下發展十分迅速。校舍多為美、加、港、澳鄉親捐贈資金所建，樣式以西式為主。本圖為其中一所教學、辦公大樓，立面上有中國近現代著名教育家蔡元培的的題辭：“台山縣立中學校”。

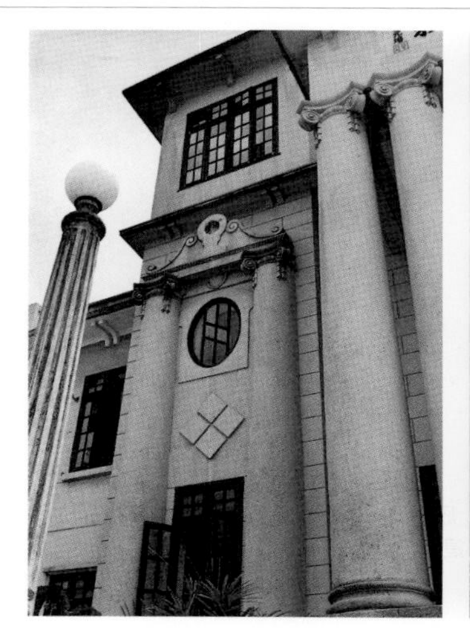

▲ 台山一中教學、辦公大樓的立面細部，愛奧尼式的羅馬大柱清晰可見。

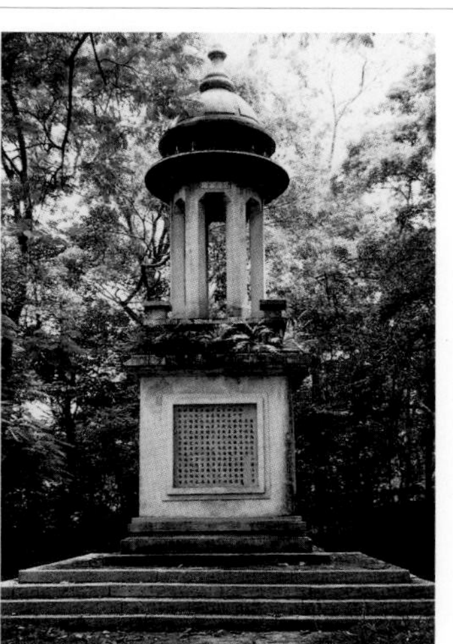

▲ 台山縣立中學校高中校舍紀念碑，亦是一座帶有文藝復興風格的西式建築物。

五・碉樓

在僑鄉的中西合璧建築中，中西風格結合的碉樓是其中非常引人注目的部分。而廣東僑鄉的碉樓，主要分佈在開平、台山、中山和恩平等地，尤以開平為最。

據開平清代地方誌的記載，碉樓作為當地農村民間公用性和防衛性的建築，大約始建於清初。原因是明清之際東南沿海倭寇、海盜猖獗，地方土匪為患。另外，自然災害，特別是水患，也常常威脅這裏民眾的生命安全。"非患寇則患水"是沿海地區司空見慣的事。每當遇寇匪打劫或水災時，村民便集中在既堅固，又高聳的碉樓上，以此逃過大劫。於是，碉樓逐漸成了他們逃避天災人禍的保護傘。所以，一些大族和鄉間豪紳，往往以建碉樓作為造福鄉里的手段。開平市現存最古老的碉樓——迓龍樓（位於赤坎三門里），就是清初當地大戶關聖徒所建，用以給鄉里逃寇患和水患的。（開平縣華僑博物館　1989：121-124）

十九世紀末二十世紀初，亦即到了廣東僑鄉已經形成的歷史時期，碉樓對這些沿海的僑鄉仍然大有存在的必要。原因是這些地區自明清以來社會治安不寧的特徵不但沒有改變，而且因為辛亥革命後廣東軍閥割據局面的形成而變本加厲。這個歷史時期對僑鄉形成重要威脅的是土匪和亦兵亦匪的軍閥武裝。而僑戶自然是他們重點擄掠的對象，所以防衛是僑鄉地區建築必須考慮的重要方面。

僑鄉中西結合的碉樓與僑鄉其他中西合璧建築的出現是同步的，而且都是採用傳統的建築形態與西方或域外的建築元素相結合的方式營造。

在鋼筋水泥結構傳入中國以前，開平、台山、中山和恩平等地的碉樓主要用泥和青磚作為建築原料。而目前仍可看到的碉樓，大部分屬於上世紀二十至三十年代用鋼筋水泥結構造成的。這些碉樓一般三至六層，有的高達七至九層。平面基本上是方形，立面分樓體（主體）、挑出部分和屋頂三部分。

樓體部分一般變化較少，特徵是牆壁厚，四面窗戶小，牆身有槍眼；內部的樓梯較窄而陡，內部間隔簡單。

挑出部分以挑廊居多，有的仿照西方古堡的式樣，在四角挑出角形、筒形的"燕子窩"，以作堡壘之用，所以上面都有槍眼。這些碉樓，已帶有很濃厚的西方建築色彩。

屋頂是中西合璧的碉樓變化最豐富的部分。既有古典復興式的穹窿頂，又有折衷主義的拱券柱廊；有的用羅馬式的柱，又有的用拜占廷教堂式的頂部。有些研究者就是按碉樓屋頂不同的建築風格，把僑鄉中西合璧的碉樓分成十多種類型：有保留中國傳統建築的硬山式、有古希臘和羅馬式、英國中世紀的古堡式、伊斯蘭教堂式等等。除了結構上的西化外，在頂部的裝飾，也大量採用西方的圖案和式樣。特別是在碉樓正面的山花、窗戶和拱券柱廊上，西式的風格更加明顯。

僑鄉的碉樓一般分為私人和公用兩種。私人的碉樓實際是中西合璧建築的民居加上防衛式的碉樓結構。而公用的碉樓又稱“眾人樓”，其基本功能是作集體防衛性用的。當然，有些也用作村人集體活動的場所。

由於僑鄉公用的的碉樓往往是村中最高的建築物，加上它那突出的中西合璧的外部造型，所以一出現便成為鄉中建築的標誌。

公用性的碉樓一般在村的四角，或在村莊的後面。這種佈局與中國南方農村村前是祠堂、禾坪，中間是梳形排列的整齊的村屋，後面是風水林或山坡剛好相配，形成互相呼應，高低有致的特別景色。在碉樓的點綴下，僑鄉中西文化混合的景觀顯得更加突出。

由於公用性的碉樓和私人碉樓使用的目的不同，所以它們雖有若干共同的特點，如都有武裝防衛性的結構、門窗比較小、樓層較多等外，在可供人居住的部分卻有較大的區別。

私人碉樓比較接近一般的民居。廳房、廚房、衛生間以至水井等部分一應俱全，而且佔整體結構的大部分。公用性的碉樓雖然有些也有供日常生活使用的結構，有的甚至把底層造成一般民居的式樣，從第二層開始才按防衛性的碉樓建造。然而，大部分公用性的碉樓都只考慮防衛性的功能，供生活用的部分十分簡陋。

可以說，僑鄉碉樓在建築風格上體現中西文化的溶合比其他民居和公用建築更加大膽和突出。尤其是它的頂部結構，把西方一般用於國會大樓、博物館、劇院、法院的古典復興主義的建築式樣，隨意拼湊運用，形成一種新的建築特色。這一點就連西方的民居都沒有做到的。

僑鄉中西溶合的碉樓建築以廣東開平最為著名。據有關統計，二十世紀四十到五十年代，開平有碉樓不下 2400 座，現存的仍有 1400 多座。這些碉樓往往三五成群，成為開平僑鄉特別的景觀。雖然不少碉樓現已是人去樓空，或已是棄置不用，但它的歷史、建築、藝術價值卻越來越為大眾認識。(開平縣華僑博物館　1989：121-124) 當地政府已經成立了“開平碉樓申報世界文化遺產領導小組”，保護碉樓成了一項重要的文化工作。

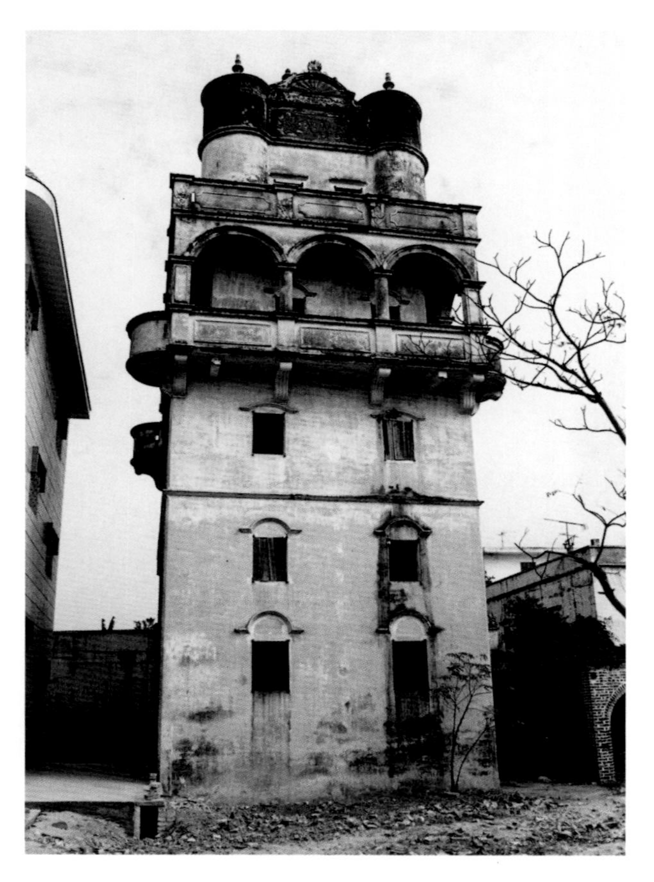

▲ 開平塘口壽田樓是一座鋼筋混凝土結構的五層碉樓。下面三層外牆的裝飾非常簡單，除窗戶的腳線下有少量的浮雕外，只在二、三樓之間有一條凸形腳線，整幢樓的底部是一個巨大而穩固的正方體。尤其是窗門用的材料是鐵板，給人以堅不可摧的感覺。

從四樓開始，結構開始複雜化，四樓的外牆內收，外廊向外挑出，四面環繞的拱券柱廊互相貫通，拱券柱廊除角部用四方柱外，其餘的均用塔司干式的圓柱子，兩側有四個半圓形的陽台。整個四樓造型，屬於由方形體到圓形體過渡性的設計。

五樓的四角為外鼓的圓形結構，亦是六樓四個圓形塔樓的承托部分。

六樓四個對稱的圓形塔樓，具拜占廷教堂的建築風格，但塔樓之間卻不是用歐洲傳統的柱廊或拱券結構，而是用瓶式欄杆和平面的浮雕和匾額等相連。在四個密封的塔樓中央，矗立着一個開放式的八角風塔，成為整座建築的最高部分。壽田樓六樓的塔樓和頂部的風塔，一實一虛，一陰一陽，以八為數的設計意念，與《易經》的八卦陰陽論非常吻合。（參看 118 頁圖）

壽田樓的槍眼均在三樓以上，可見此碉樓屬為村落大眾而設的防衛性的碉樓，亦即屬眾人樓的一類。

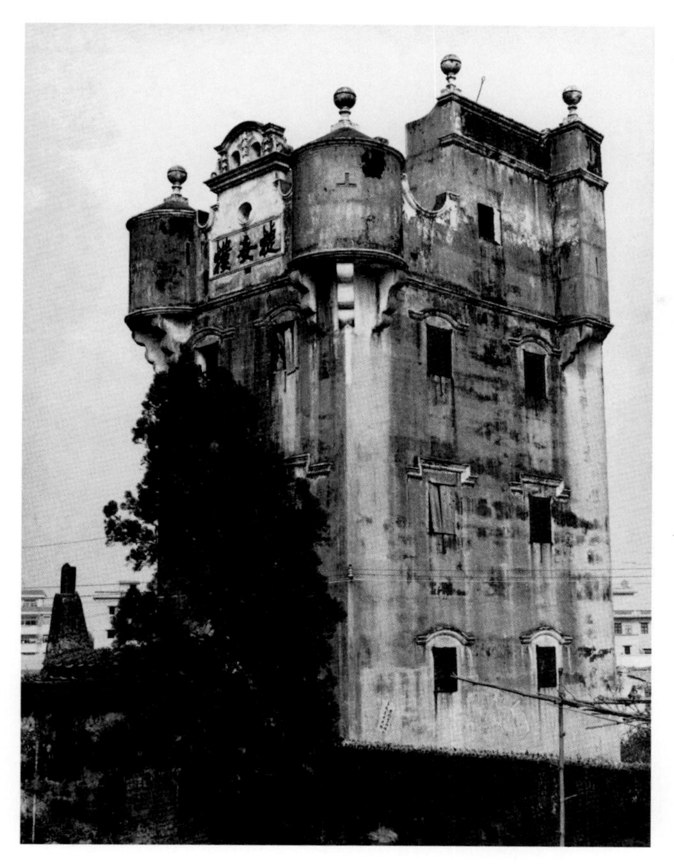

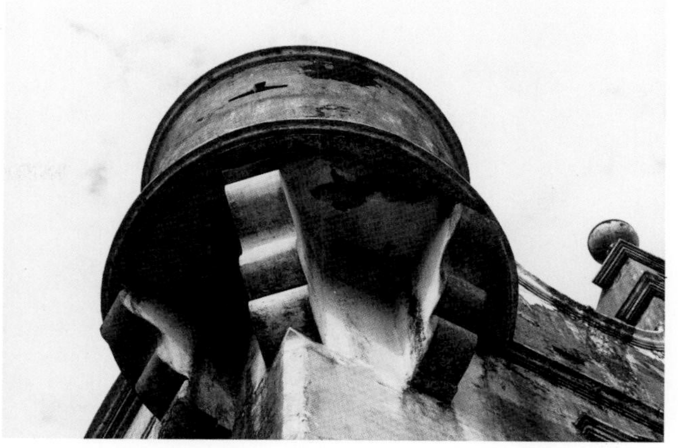

▲ 捷妄樓圓形塔樓細部。塔身和塔底的槍眼清晰可見，有一字形和倒丁字形兩種。

▲ 在開平塘口地區還有不少的碉樓。捷妄樓就是其中較為有代表性的一個。它屬於私人純防禦性的碉樓。

捷妄樓高四層，與壽田樓一樣，是鋼筋混凝土結構。底部基本上是穩重的四方體結構。不同的是捷妄樓採用變化的窗戶線腳裝飾，有弧形和曲線形各種形態，顯得較為活潑。

從整個建築造型來看，它的重點安排是在頂層。四樓的四個角都往外挑。正面是一對圓筒形的“燕子窩式”塔樓；後面兩角的塔樓是方形的結構。在前後塔樓之間，有一個半圓形的缺口山牆相連，使前圓後方的結構有一個自然的過渡。而四個塔樓的頂部都有一個圓柱支撐小球的裝飾，使整座樓的頂層不僅高低錯落有致，而且有一種和諧的感覺。

“捷妄樓”的匾牌安排在正面兩個圓筒形塔樓之間的山花上。弧形的山花具巴羅克風格，與側面一樣連接塔樓的部分採用半圓形的缺口山牆，弧形線條和直角的線條相映成趣。

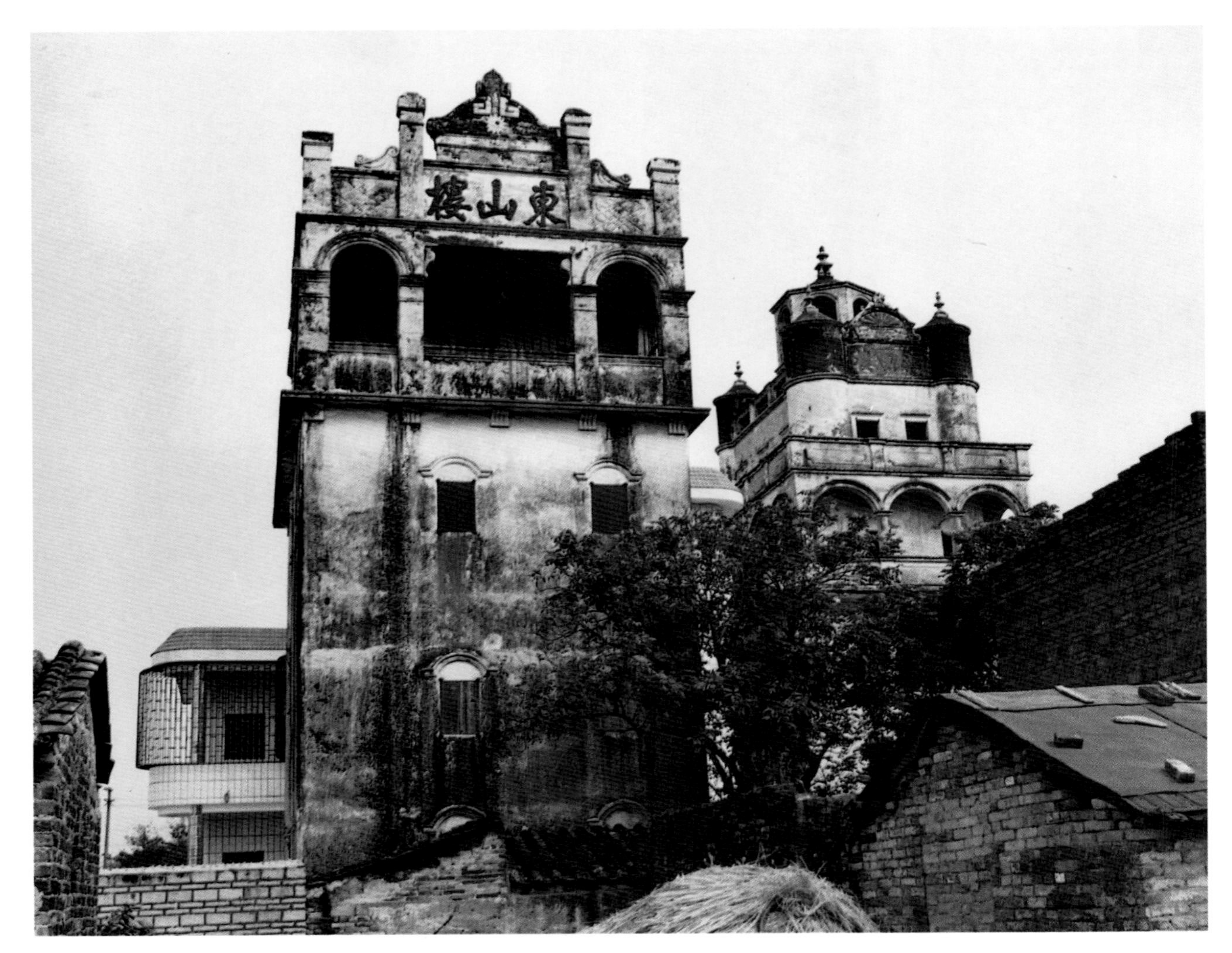

▲ 東山樓也是開平塘口的碉樓。在它的右側，可見壽田樓的第六層的塔樓和頂部的風塔。

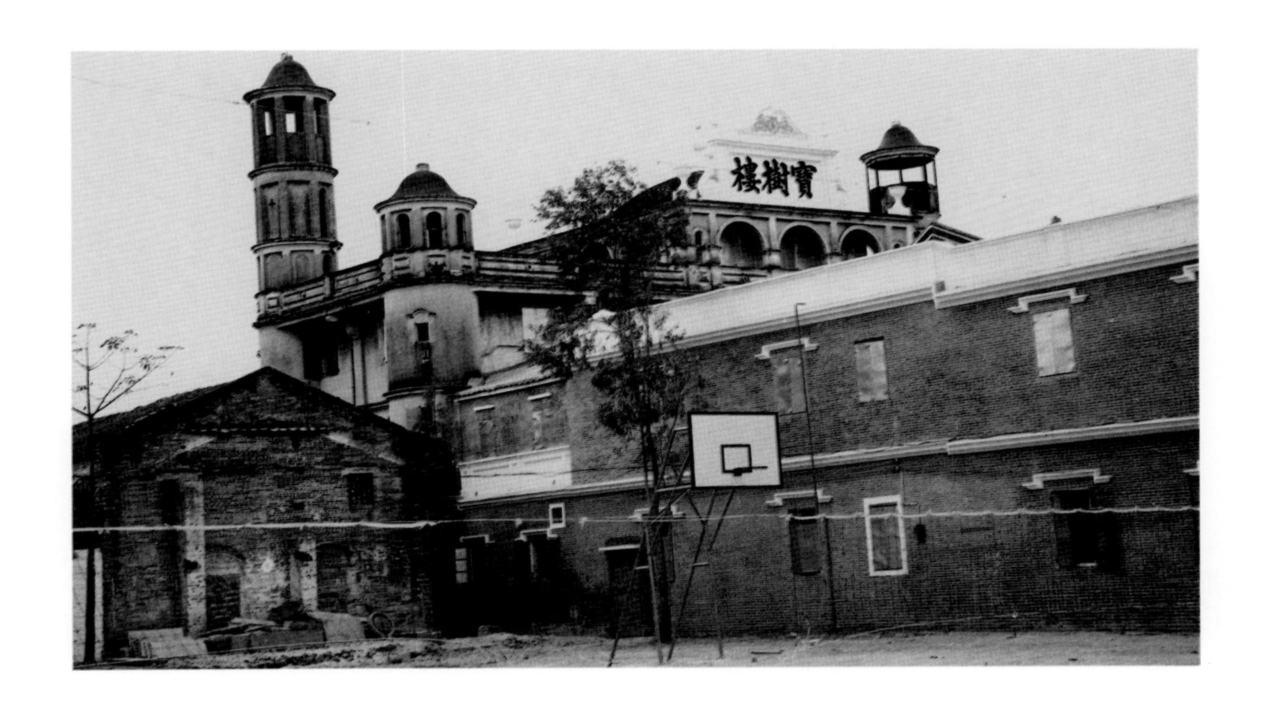

▲ 開平塘口區的碉樓在外觀上很少雷同。寶樹樓是其中別具一格的一幢。它以建築群的形式建造，前座是民居形式的兩層青磚樓房，後座是典型鋼筋混凝土的四層碉樓。

寶樹樓後座碉樓第四層內收，使兩翼形成天台，中部有拱券柱廊，四角分別有塔樓。與壽田樓和捷妄樓不同的是，它的塔樓並不是設置在頂層，而是自地面而起。四個塔樓前低後高：後塔樓六層，前塔樓四層。塔樓一至三層基本是密封結構，只有小窗戶；從第四層開始是方形拱券柱結構，把圓形分成八份。前塔樓的頂層採用開放式設計，不設門窗；後塔樓第四、五層全封閉，第六層半開放。槍眼設在塔樓上。塔樓的整體設計意念是“四面八方”，“居高臨下”，形成一個完整的保護網。

寶樹樓是典型的折衷主義風格的碉樓。整個建築群的前部採用比較平實的設計：中式的架構和局部西式裝飾；後座碉樓基本上是西式風格。塔樓是模仿中世紀歐洲的古堡建築，它的圓形塔頂和整座碉樓中心部分圓頂結構互相呼應，呈現出拜占廷風格的影響。而大樓牌匾以及三角形的山花，卻又帶有古羅馬建築的影子。

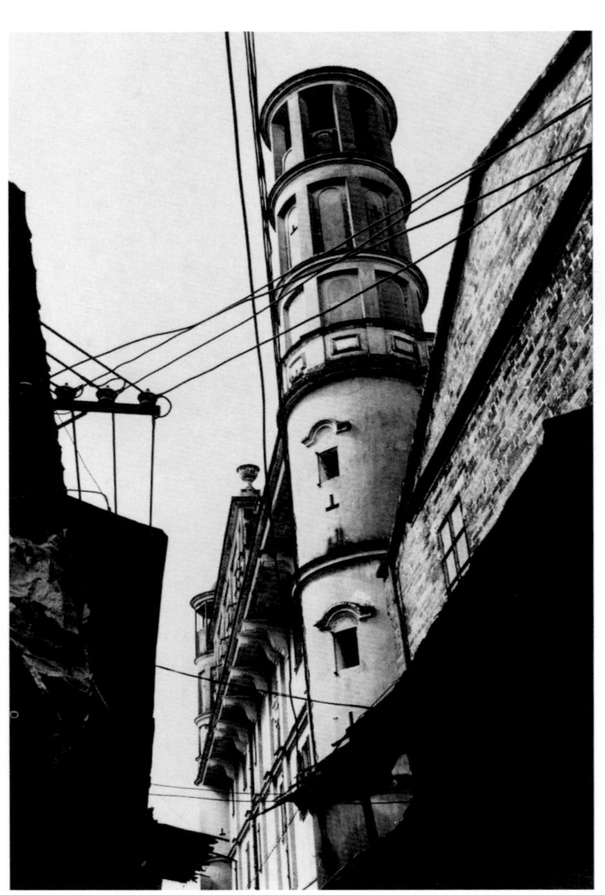

▲ 寶樹樓後座的六層塔樓。

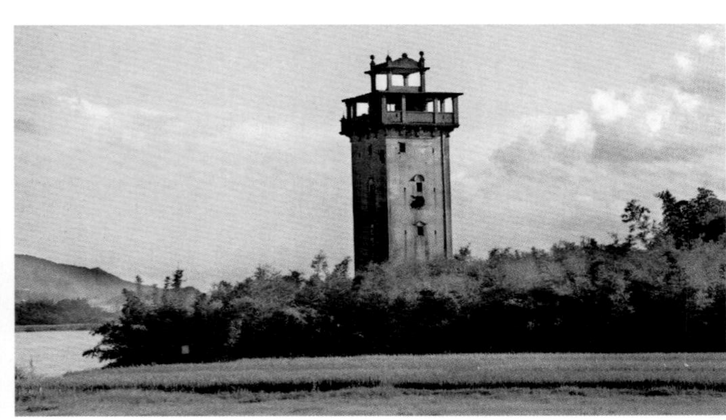

▲ 開平赤坎南樓建於1913年，是鋼筋混凝土結構，樓高七層，是純防衛性的碉樓建築。第六層有外挑的開敞迴廊，採用方柱、欄杆和簡樸裝飾。頂層以中國方亭式的格局作基礎，加上方柱和弧形頂蓋的西式格調，使中西溶合的風格非常明顯。另外，從整座碉樓的門窗、線腳裝飾圖案裝飾和迴廊的式樣，亦可清楚地看到南樓受西方建築影響的痕跡。
1945年7月16日，地方抗日武裝四鄉團在南樓抗擊日軍，留下了動人的“七壯士”的故事。

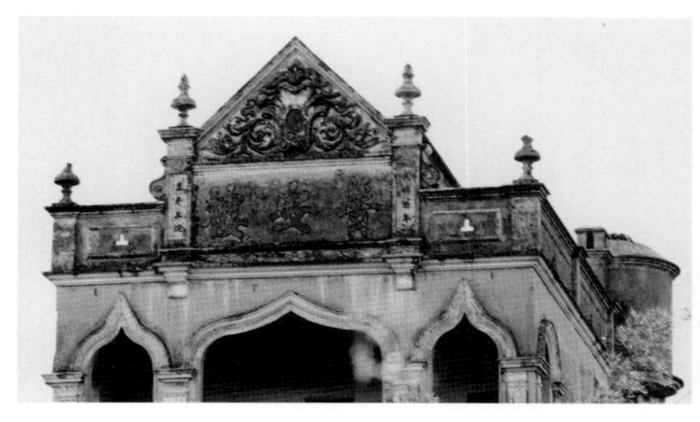

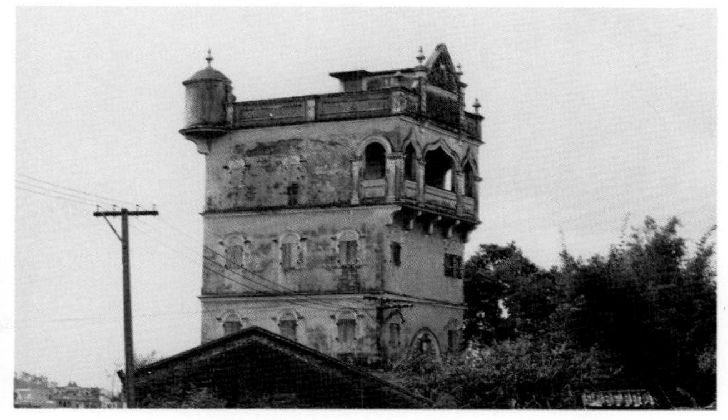

◆ 同在開平塘口的普安樓，在建築風格上與壽田樓和捷妄樓有非常相似的地方：同樣是簡樸方形的底層，頂層結構和裝飾都很講究。不同的是普安樓正面頂層的挑廊，用的是典型的拱券柱廊結構，但在造型上又巧妙地運用了伊斯蘭教堂圓錐形頂部的切面線條，突破了拱券柱廊半圓形的格局。
普安樓的塔樓在正後方頂樓天台的兩翼，並向外挑出。塔樓和天台的欄杆上設有槍眼，顯然是整座樓的防衛性建築部分。

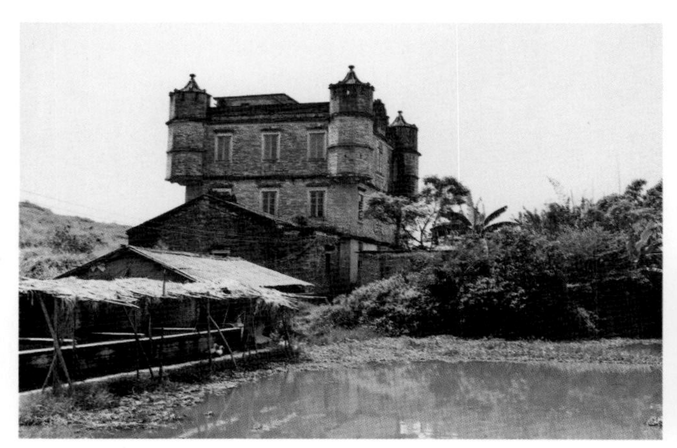

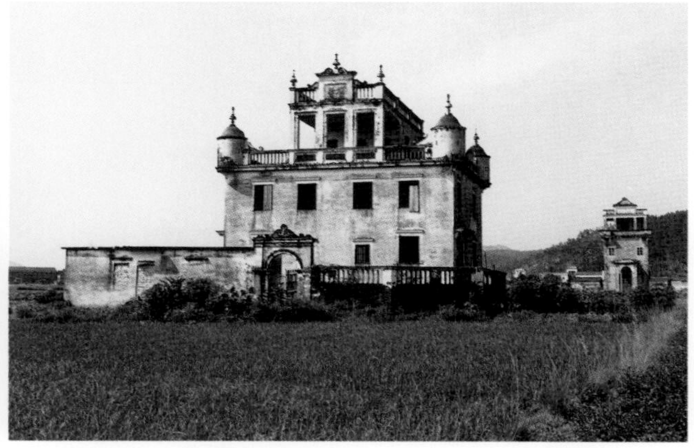

◆ 開平塘口還有相當數量以居住為主的碉樓。這類碉樓很多是青磚結構的樓房。由於它們不少是遠離村落的獨立建築，所以往往有自己防衛設施：在頂部四角附有“燕子窩式”的塔樓。

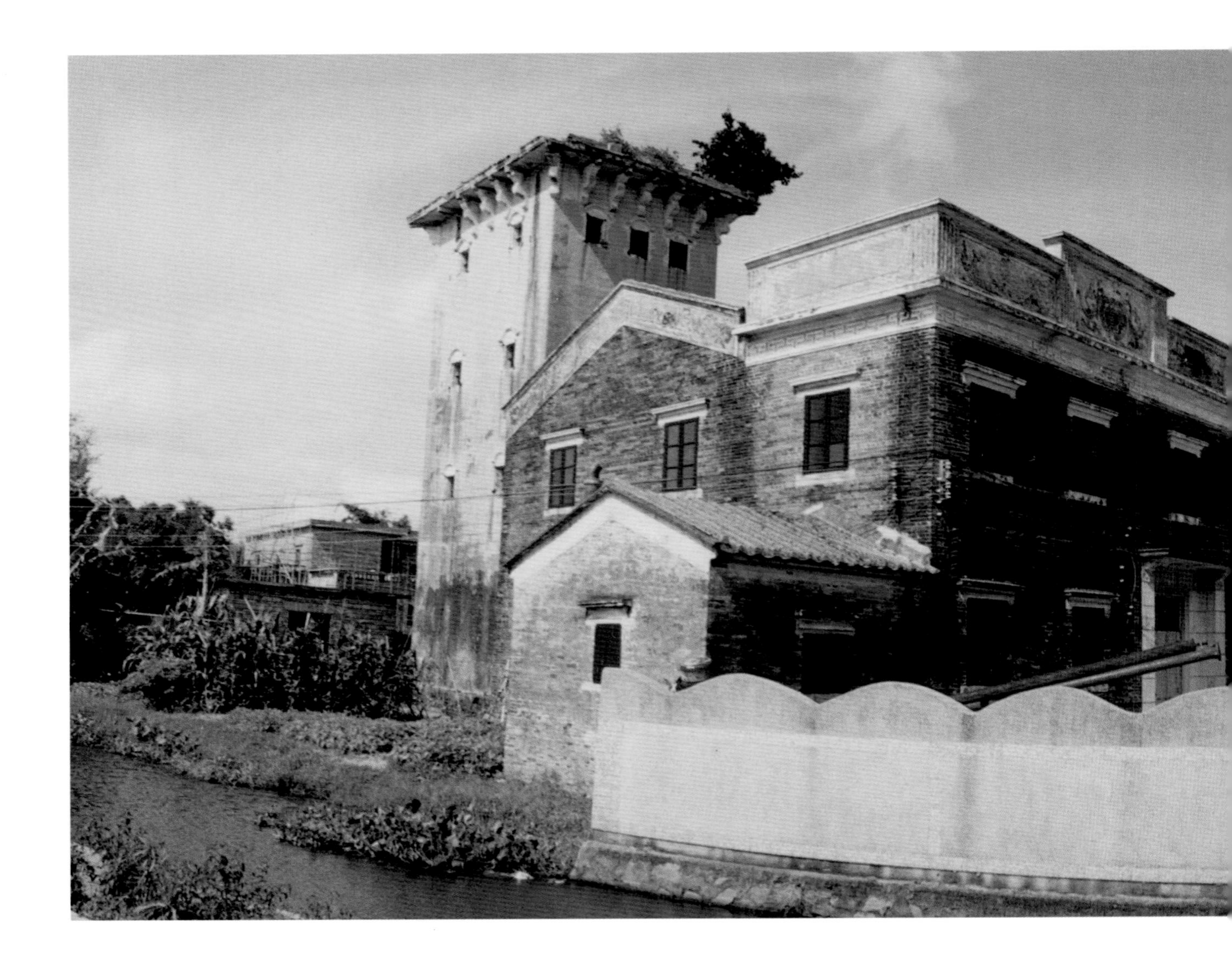

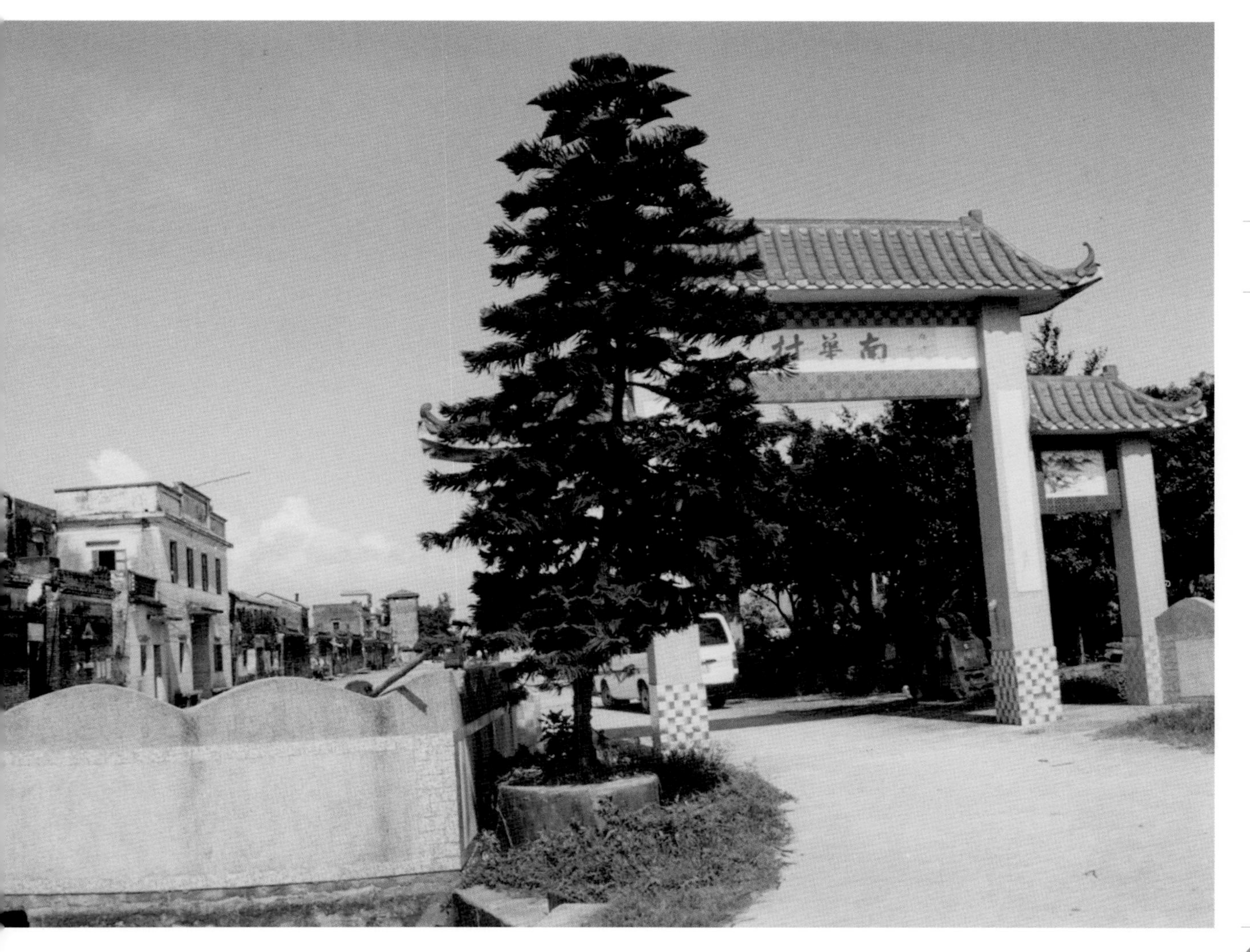

▲ 台山南華村的碉樓建築群，在村落碉樓建築中具有特別的典型意義。此圖是村前的全景圖。位於圖左和圖中部遠處的兩座碉樓，一左一右，像兩位哨兵，擔負着全村的守衛任務。
村外的小溪是南華村的護村河，是與碉樓配合的防禦性系統的一部分。

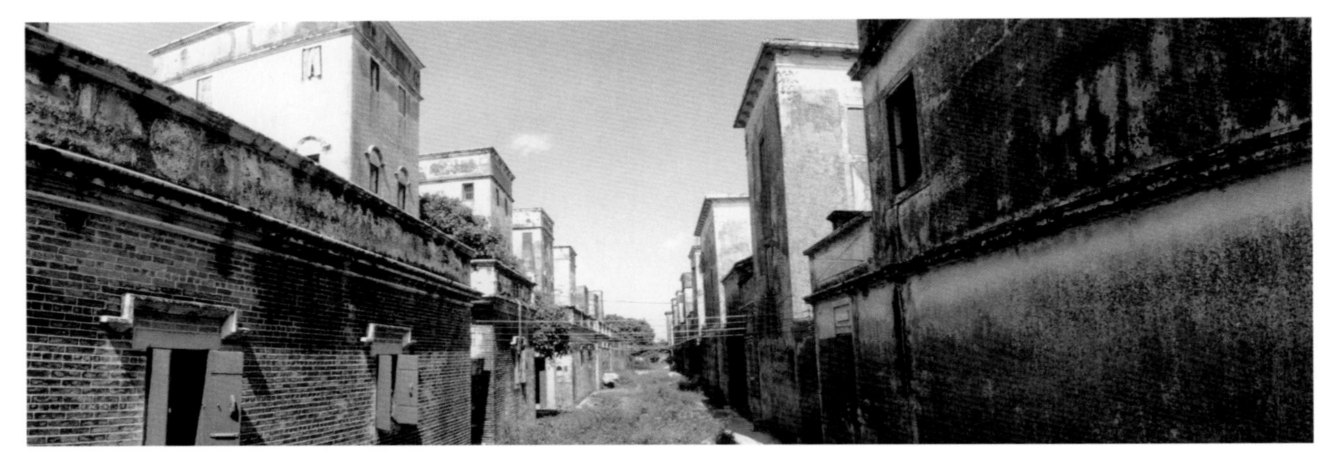

▲ 南華村村後的碉樓群，兩排對稱一共16間。後排五間為四層，其餘三間為三層，前排均為三層建築，形成一個巨大的村落防衛屏障，堪稱為廣東僑鄉第一碉樓群。
因為碉樓以外的地方是廣闊而平坦的田野（見下圖），又有護村河的保護，侵犯者不易從後面攻進，所以即使村內被賊人佔領，村人亦可全部退守在這兩排碉樓裏，作最後的據守。

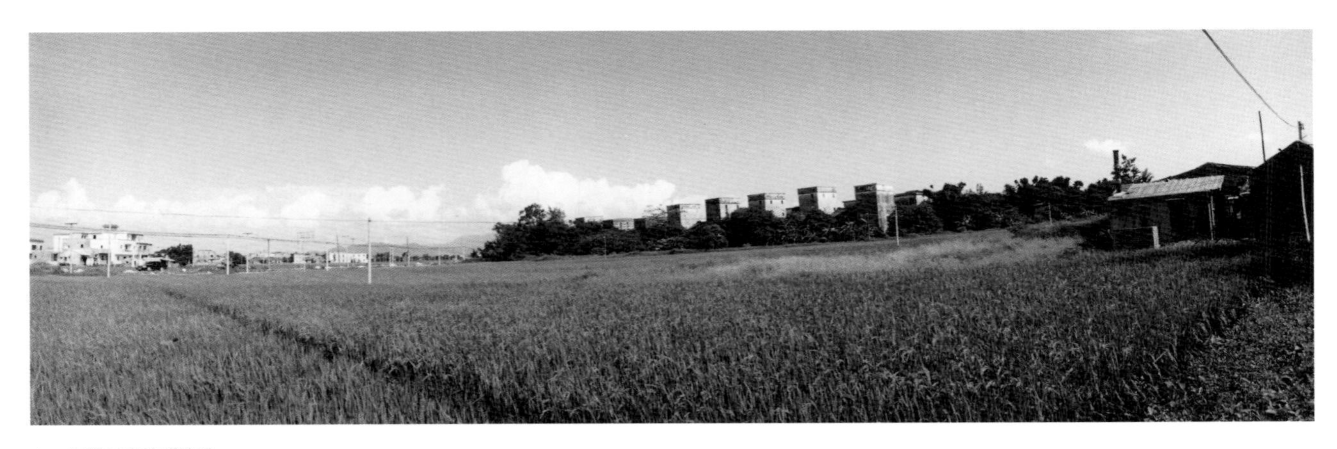

▲ 南華村碉樓群遠眺。

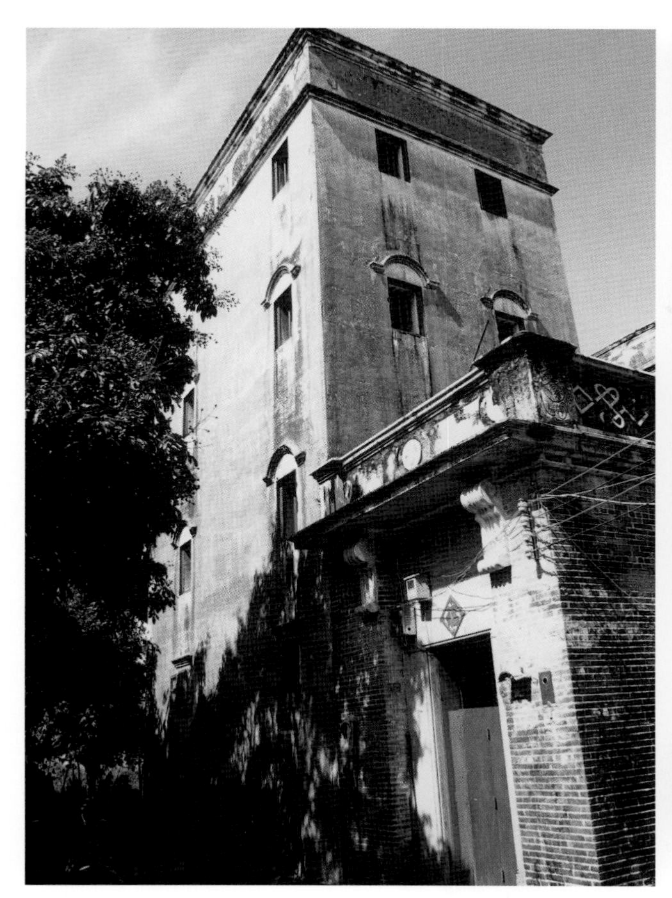

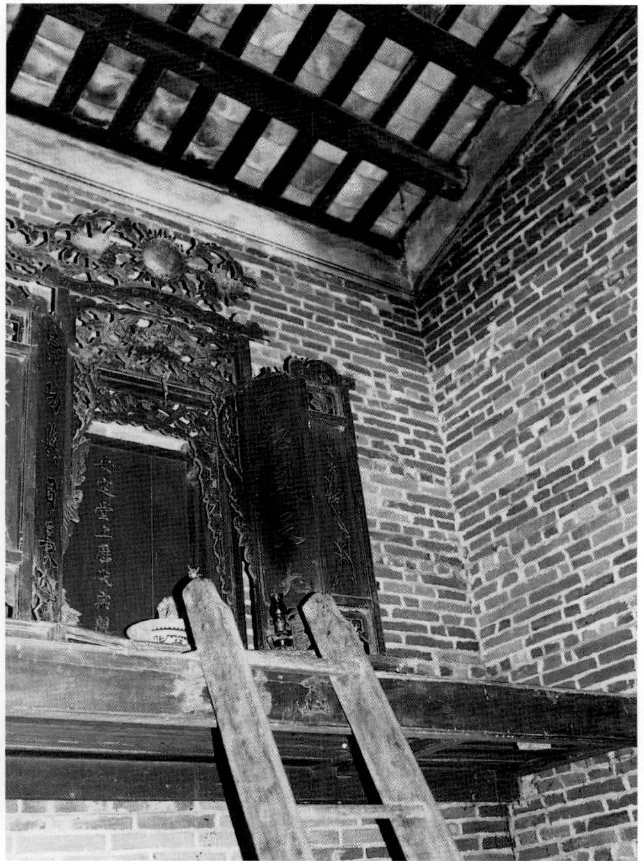

▲ 中國人對祖先的拜祭非常重視，在南華村的碉樓內，設有祖先的靈位。

▲ 南華村碉樓群每座正面都有一個院落。大門設在側面，其式樣與一般嶺南農村民居無異。院落圍牆頂部的欄杆裝飾、屋檐、線腳採用的卻是西方的式樣。碉樓的主樓非常簡樸。平頂，規則的小窗戶和簡單的弧形、一字形的線腳成為唯一的裝飾。

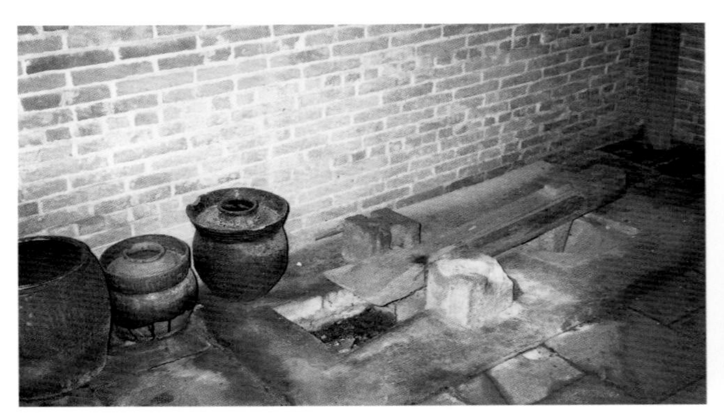

▲ 碉樓內有必要的生活設施，如圖中廣東農村常用的去除穀殼的石舂、盛食物的陶罐等。

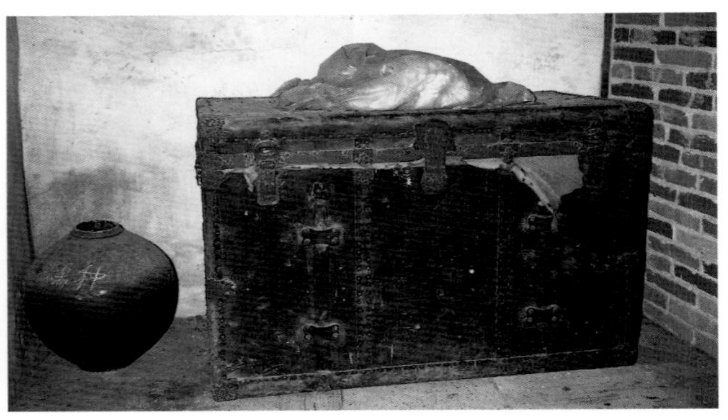

▲ 直到今天，我們還可以在碉樓內找到過去僑鄉常見的放衣物用的“金山箱”，可見南華村的碉樓並非單純用作防衛的碉樓，也作一般民居使用。

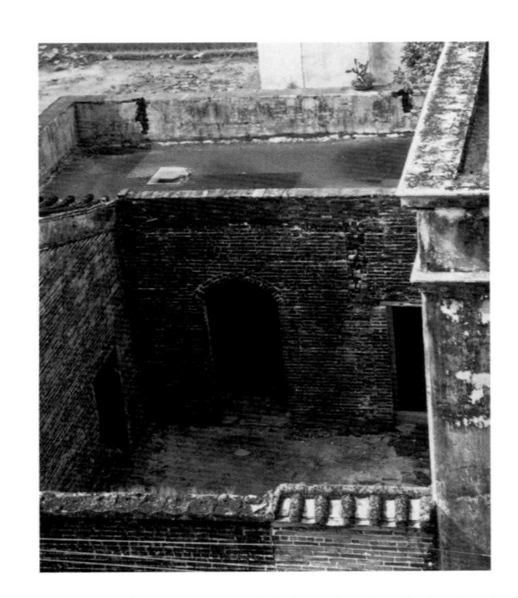

▲ 碉樓正面院落俯視圖。從圖中可見院落三面有迴廊，中部形成天井式的格局。左右迴廊的頂部是兩個有圍欄的天台，必要時可作掩體壕塹之用。南華村的碉樓主樓的牆壁用非常堅固的鋼筋混凝土建造，厚度超過一尺。

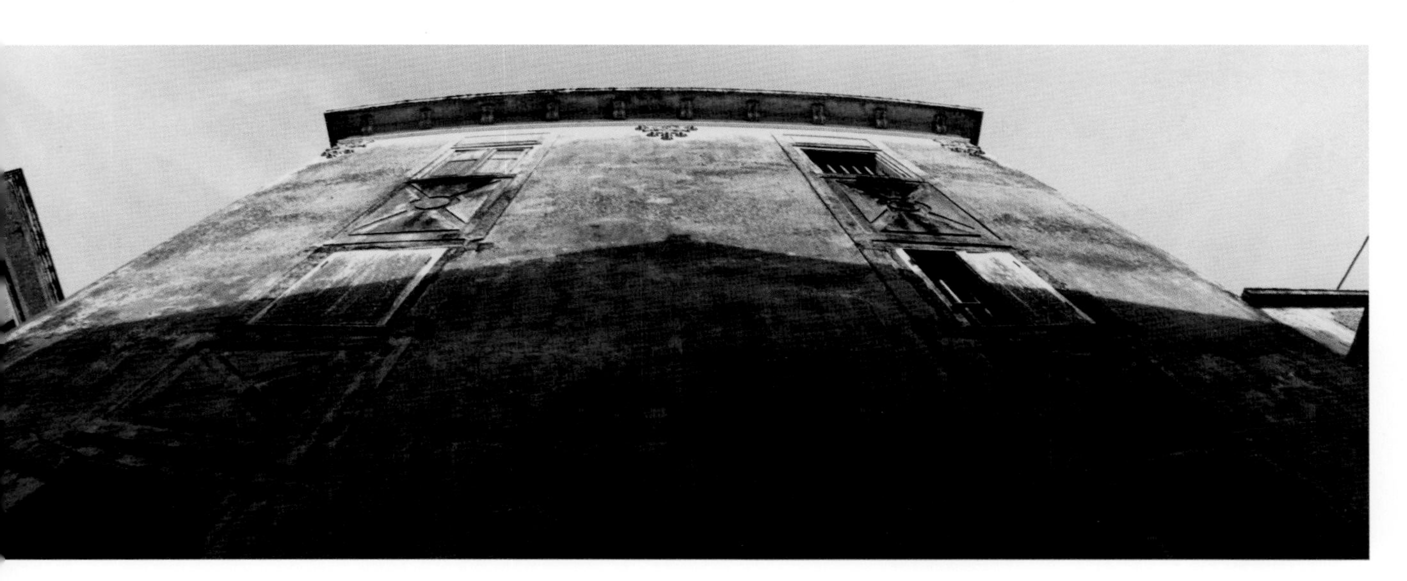

▲ 南華村碉樓群前排主樓的側面仰視，亦相當奇偉。

主要參考文獻目錄

書籍

李道平：《寧陽存牘》，粵東省城印，光緒二十四年（1899）

羅香林：《西婆羅洲羅芳伯等所建共和國考》，香港：中國學社，1961年6月

陳翰生主編：《華工出國史料匯編》（第一至十輯），北京：中華書局，1980-1985年

朱雲成主編：《中國人口》（廣東分冊），北京：中國財政經濟出版社，1988年4月

開平縣華僑博物館：《開平縣文物志》，廣州：廣東人民出版社，1989年11月

可兒弘明著，孫國群等譯：《"豬花"——被販賣海外的婦女》，河南：河南人民出版社，1990年5月

顏清湟著，粟明鮮、賀躍夫譯，姚楠校訂：《出國華工與清朝官員》，北京：中國友誼出版公司，1990年12月

鄭德華、成露西：《台山僑鄉與新寧鐵路》，廣州：中山大學出版社，1991年3月

李原、陳大璋：《海外華人及其居住地概況》，北京：中國華僑出版公司，1991年5月

台山僑務辦公室：《台山縣華僑志》，1992年（出版資料不詳）

黃為雋、尚廓：《閩粵民宅》，台北：博遠出版有限公司，1993年10月

廣東省集郵協會、汕頭市集郵協會：《潮汕僑批論文集》，北京：人民郵電出版社，1993年10月

台山僑務辦公室：《台山華僑志》，1993年（出版資料不詳）

梅州地方編纂委員會：《梅州志》，廣州：廣東人民出版社，1994年3月

陳澤泓：《嶺南建築志》，廣州：廣東人民出版社，1999年9月

林家勁等：《廣東僑匯研究》，廣州：中山大學出版社，1999年12月

論文

鄭德華、吳行賜：〈一批有價值的華僑史資料——台山解放前出版的雜誌、族刊評介〉，載《華僑論文集》（第一輯），廣州：廣東華僑歷史學會，1982年，454-489頁

林風：〈澄海樟林港與潮州早期海外移民〉，載《汕頭僑史論叢》(第一輯)，汕頭華僑歷史學會出版，1986 年 9 月，10-25 頁

張映秋：〈近代潮汕人民向海外移殖及其對潮汕經濟開發的影響〉，載《汕頭僑史論叢》(第一輯)，32-52 頁

徐藝圃：〈汕頭地區早期華工出洋概論〉，載《汕頭僑史論叢》(第一輯)，53-75 頁

林金枝：〈論近代華僑在汕頭地區的投資及其作用〉，載《汕頭僑史論叢》(第一輯)，103-133 頁

鄭德華：〈廣東中路土客械鬥研究（1856 — 1867)〉，香港大學文學院博士論文，1989 年（未刊稿）

梅縣教育志：〈梅縣的教育與人才〉，載《梅州文史》(第一輯)，1989 年 3 月，30-75 頁

張映秋：〈嶺東華僑互助社的建立和發展〉，載《汕頭僑史論叢》(第二輯)，汕頭華僑歷史學會，1991 年 6 月，23-38 頁

袁偉強：〈嶺東華僑互助社的建立及其作用〉，載《汕頭僑史論叢》(第二輯)，39-50 頁

曾濤：〈廣東的水客與僑批業〉，載《銀海縱橫》(廣東文史資料第六十九輯)，廣州：廣東人民出版社，1992 年 6 月，63-71 頁

梁曉紅：〈開放・混雜・優生——廣東開平僑鄉碉樓民居及其發展趨向〉(清華大學建築學院碩士論文，1994 年，未刊稿)

Yen Ching-hwang, "Early Hakka Dialect Organizations in Singapore and Malaya, 1801-1900", in 謝劍、鄭赤琰：*The Proceedings of the International Conference on Hakkaology,* 香港中文大學香港亞太研究所海外華人研究社，1994 年，701-734 頁

張自中：〈梅縣的水客和僑批業〉，載《梅州文史》(第七輯)，1994 年 6 月，211-217 頁

韓素音：〈客家人的起源及其遷徙經過〉，載程志遠：《客家源流與分布》，香港天馬圖書有限公司，1994 年 7 月，56-61 頁

鄭德華：〈試論嶺南歷史文化的開拓和保護〉，載《學術研究》2000 年 9 期，93-97 頁

鄭德華：〈客家歷史文化的承傳方式〉，"第七屆國際客家學術研討會"論文，2001 年 3 月 18-19 日，四川成都

鄭德華：〈從華僑史看海上絲綢之路〉，"海上絲綢之路與南方港學術研討會"論文，2001 年 11 月 21-26 日，廣東湛江

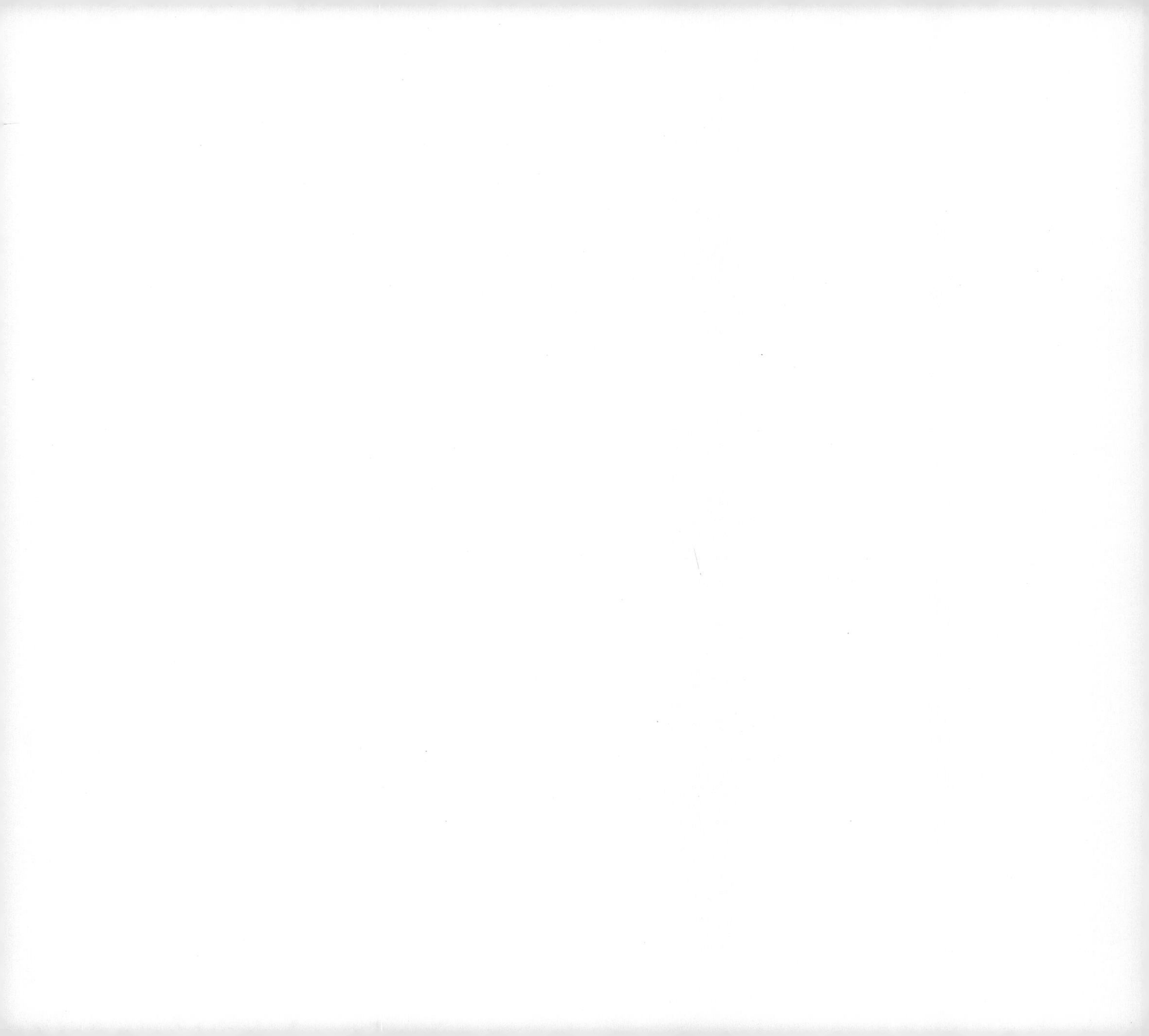